KB179027

키르케고르가 들려주는
죽음에 이르는 병 이야기

키르케고르가 들려주는

죽음에 이르는 병 이야기

ⓒ 김선욱, 2006

초판 1쇄 발행일 2006년 9월 7일
초판 13쇄 발행일 2021년 2월 5일

지은이   김선욱
그림   박하
펴낸이   정은영

펴낸곳   (주)자음과모음
출판등록   2001년 11월 28일 제2001-000259호
주소   04047 서울시 마포구 양화로6길 49
전화   편집부 (02)324-2347, 영업부 (02)325-6047
팩스   편집부 (02)324-2348, 영업부 (02)2648-1311
e-mail   jamoteen@jamobook.com

ISBN 978-89-544-1957-4 (64100)

• 잘못된 책은 교환해드립니다.

키르케고르가 들려주는
죽음에 이르는 병 이야기

김선욱 지음

|주|자음과모음

쇠렌 키르케고르는 철학에 조금이라도 관심이 있는 사람이라면 누구나 한 번쯤은 들어 보았을 만한 위대한 철학자입니다. 하지만 어린 학생들에게는 너무나 생소하게 느껴지는 사람일 수 있습니다.

키르케고르는 1813년에 태어나 1855년에 죽은 덴마크의 철학자입니다. 그는 실존철학을 주장한 사상가로 '실존' 이라는 말을 처음으로 인간에 대해 사용했습니다. 실존이란 '지금 바로 여기에 있음' 을 뜻하는 말인데, 키르케고르는 여기서 한걸음 더 나아가 '참된 개별적 존재로서의 인간' 을 가리키는 말로 사용했습니다. 우리 인간이 실존으로서 존재할 때 진정한 삶을 살아가는 게 된다는 것이 키르케고르의 핵심적인 철학적 주장이었습니다.

현대를 살아가는 사람들이 실존으로 살아가기란 쉽지 않아 보입니다. 사람들간의 관계에 휘둘려 자신의 뜻을 제대로 관철시키기는커녕, 자신의 참된 모습이 무엇인가를 제대로 고민해 볼 기회조차 우리는 제대로 갖지 못하는 것 같습니다. 인터넷 세계에 빠져 살거나, 연예인들의 화려한 모습에 휘둘려 그들의 모습을 모방하면서 살려고 하거나, 혹은 시험 성적의 노예가 되어 친구도 우정도 없는 삶을 살아간다거나 하는 것은 실존으로서의 삶을 망각하고 있는 예에 해당합니다.

19세기, 즉 키르케고르가 태어나 살았던 1800년대의 유럽 사회에서는 근대의 산업화와 도시화를 통해 일어난 거대한 사회적 변혁 속에서 개인의 진정한 삶이 근본적으로 위협을 받았습니다. 뿐만 아니라 이러한 사회적 흐름은 20세기에 들어서 발생하는 두 차례에 걸친 세계대전으로 이어집니다. 키르케고르가 실존이라는 문제에 대해 고민을 하였던 것은 이러한 시대적 흐름과 연관되어 있으며, 제2차 세계대전이 끝난 뒤 유럽에 유행하였던 실존주의 철학과 더불어 키르케고르의 사상이 새삼 중요하게 다루어졌던 것은 그 이유 때문입니다.

키르케고르는 스스로의 삶을 거친 실존적 고민 속으로 몰아넣었던 사람입니다. 청년 시절에 너무나 사랑하였던 레기네 올센이라는 여성과 약혼을 하였지만 스스로 파혼을 하고 맙니다. 슬픔에 북받친 올센이 키르케고르에게 눈물로 호소하자 그는 자신의 파혼을 번복하지만 곧 다시 파혼을 실행에 옮깁니다. 결혼이 주는 안락 속에 자신의 삶을 둘 수 없다는 이유에서였습니다. 그리고 키르케고르는 평생을 자신이 선택한 고독과 정신적 투쟁 속에서 살아가게 됩니다.

키르케고르가 이러한 삶을 선택하게 된 계기는 어린 시절에 들었던 자신의 가족사에 대한 충격적인 이야기 때문입니다. 어머니의 죽음과 형제자매의 잇단 죽음을 통해 뭔가 불길한 기운이 자기 집안을 감돌고 있다는 생각에 사로잡혀 있었던 키르케고르는 아버지가 어렸을 때 신을 저주했던 사실을 알게 됩니다. 키르케고르의 아버지는 어린 시절을 불우하게 지냈습니다. 가난한 목동이었던 그의 아버지는 추운 겨울을 언덕에서 양들과 함께 지내며 너무나 고통스러웠던 나머지 신을 저주하셨습니다. 이후 그의 아버지는 부유한 상인이 되었지만, 집안에 닥친 불운은 바로 그 저주 때문이라고 키르케고르는 생각하게 됩니다.

어린 시절 쇠렌 키르케고르의 아버지는 어린 쇠렌의 손을 잡고 넓은 집안 이곳저곳을 다니면서 마치 야외를 거니는 것과 같은 상상을 하도록 이야기를 해 주었습니다. "우리는 다리를 건너고 있어. 난간은 낮고, 그 난간 너머에는 강물이 천천히 흐르고 있어……." 마치 실제로 주위의 모습을 보고 있는 것처럼 어린 쇠렌은 그 말을 들으면서 자신의 상상력을 키워 갔습니다. 그리고 그러한 상상력이 그의 철학의 밑거름이 되었습니다.

신의 저주, 구원, 진정한 삶…… 이러한 말들은 기독교와 관련이 있는데, 키르케고르의 철학은 기독교의 깊은 영향 속에서 발전이 됩니다. 사실 실존 사상의 뿌리는 기독교에 있다고 해도 지나치지 않습니다. 역사적으로 보면 중세기의 어거스틴과 근대의 파스칼의 사상에서 실존철학의 뿌리를 발견하게 되는데, 이는 모두 기독교와 연관되어 있기 때문입니다.

　이 책을 통해 소개하려는 키르케고르의 저서《죽음에 이르는 병》또한 기독교적 모티브를 갖고 쓰인 책입니다. 신약성서 요한복음에 나오는 나사로의 죽음에 대한 이야기이지요. 나사로가 심한 병에 걸려 죽을 지경이 되었습니다. 그래서 그의 누이가 예수에게 사람을 보내, 나사로에게 오셔서 그의 병을 고쳐 달라는 말을 전합니다. 하지만 그 말을 전해 들은 예수는 "이 병은 죽을병이 아니다"라고 말하면서 달려오지 않고, 다른 곳에서 이틀간을 더 머물렀습니다. 드디어 예수가 나사로가 있는 마을로 출발하면서 제자들에게 "나사로는 잠들었다"고 말합니다. 이 말의 의미는 나사로가 죽었다는 것이었습니다. 나사로가 있는 마을에 들어서자 나사로의 여동생 마리아가 예수에게로 울면서 달려 나와 나사로가 사흘 전에 죽어 굴처럼 생긴 무덤에 시체를 넣고 돌로 막았다고 말했습니다. 예수는 그 무덤으로 가서 "나사로야 나오너라"라고 큰 소리로 말했고, 죽었던 나사로는 수의를 입은 채 무덤에서 걸어 나옵니다.

　이 이야기에서 키르케고르는 "이 병은 죽을병이 아니다"라는 말에 주목합니다. 이는 죽을병과 죽지 않을 병이 다르며, 죽지 않을 병으로 죽으면 죽어도 죽지 못한다는 의미를 갖고 있기 때문입니다. 그래서 죽음이란 무엇인가, 진정한 죽음이란 무엇인가, 그리고 절망이란 무엇인가라는 문제에 대해 깊이 생각하면서 키르케고르는 인간의 실존에 대한 고민을 펼쳐 나갑니다. 그 책이 바로《죽음에 이르는 병》입니다.

《죽음에 이르는 병》은 이해하기가 그리 쉬운 책이 아닙니다. 이 책의 핵심적인 내용을 설명하기 위해 세 자매 가운데 둘째인 승은이의 절망 이야기를 소개합니다. 형제가 셋인 가정에서 둘째는 집안에서 자칫 소외를 당하기 쉽습니다. 그래서 마음속에서 나름대로 깊은 절망을 경험하기도 합니다. 이러한 경험을 통해 진정한 절망이 무엇인지에 대한 이야기를 풀어 가려고 하는 것이 이 책의 의도입니다.

키르케고르의 사상은 무척 매력적입니다. 그의 철학은 우리로 하여금 참된 삶이 무엇인가에 대한 깊은 생각으로 안내합니다. 이 책을 흥미롭게 읽을 수 있었다면, 앞으로 키르케고르의 책을 구해서 읽어 보기를 바랍니다. 약간 어렵게 느껴질 수도 있지만, 차분히 생각하며 읽는다면 그의 생각의 깊이를 분명히 맛볼 수 있을 것입니다.

아울러 저는 이 시리즈의 네 번째 저작인 《한나 아렌트가 들려주는 전체주의 이야기》도 함께 읽기를 권합니다. 한나 아렌트보다 약 100년 전에 살았던 키르케고르는 정치나 사회적 문제에 대해 완전히 무관심했던 사람입니다. 반면 아렌트는 독일에서 태어났지만 나치스의 박해를 피해 미국으로 망명했던 사람이기에 정치와 사회적 문제를 깊이 생각했던 사람입니다. 하지만 이 두 사람의 생각의 바탕에는 참된 인간적 삶이란 무엇인가라는 공통된 질문이 있습니다. 뿐만 아니라 아렌트는 키르케고르의 사상을 무척 좋아했었지요. 전혀 무관해 보이는 이 두 사람에 대한 이야기를 함께 읽어 본다면 뭔가 깊은 연관성을 분명히 발견할 수 있습니다.

키르케고르에 대한 이 책을 쓰는 과정에서도 한나 아렌트에 대해 쓸 때와 마찬가지로 아들 순곤이의 도움이 컸습니다. 이 글의 초고를 두 번 읽어 주면서 좋은 의견을 제시해 주었고, 또 세 형제 가운데 둘째 아이의 관점에서 글을 쓰는 것이 참 좋았다는 칭찬도 해 주었습니다. 이 책에 나오는 진정한 자아의 발견을 위해 순곤이나 그 형인 순호가 노력하는 모습을 그들의 여름방학 생활 속에서 보며 뿌듯했었습니다.

그저 자기만을 위해 살아가는 사람들로 가득 찬 세상이 아닌, 다른 세상을 열어 가는 아이들로 가득한 우리나라가 되었으면 하는 마음을 담아 이 책을 냅니다. 그런 아이들이 첫 번째로 해야 하는 일은 진정한 자기를 찾는 일일 것입니다.

2006년 8월

김선욱

C O N T E N T S

책머리에
추천의 글

1 서러운 내 신세 | 017
1. 나만 미워해! 2. '뭉크 정민' 선생님 3. 아빠가 이상해
4. 쓸쓸한 아빠의 뒷모습 5. 나의 자리는 어디에?
　• 철학 돋보기

2 절망 속에서 만난 키르케고르 | 061
1. 슬픈 자화상 2. 마음이 밝아져 3. 선생님도 그랬어 4. 그래도 내 동생
5. 아빠, 기운 내세요
　• 철학 돋보기

3 실존에 이르는 길 | 103
1. 죽음에 이르는 병? 2. 절망을 피하는 법 3. 참된 자기 되기
4. 슬기는 못 말려 5. 절망에서 희망으로!
　• 철학 돋보기

프롤로그
부록_통합형 논술 활용노트

삶이 그대를 속일지라도
슬퍼하거나 노하지 말라
슬픈 날엔 참고 견디라
즐거운 날이 오고야 말리니

마음은 미래를 바라느니
현재는 한없이 우울한 것…….

바로 이거야! 나는 시집을 손에 쥐며 속으로 외쳤다. 지금의 내 마음을
이렇게 콕 집어 표현해 주는 시가 있었다니! 맞아, 현재는 한없이 우울
한 것…… 이런 말을 한 시인이 누굴까? 어디 보자…… 푸슈킨? 무슨
이름이 이래? 어쨌거나 내가 말하고 싶은 마음이 이런 거였어. 내 삶은
나를 속이고 있고, 그래서 내 현재는 우울해.

그런데 슬퍼하거나 노하지 말라고? 참고 견디라고? 흥! 그건 아니라고 봐. 나는 지금까지 참고 견뎠지만 즐거운 날은 '오고야 말리니'가 아니었어. 내 마음은 미래를 바라보지만 즐거운 날은 결코! 오지 않고 있단 말이야.

나는 펼쳐 읽던 시집을 탁 덮어 버리고는 방바닥으로 휙 내던졌다. 처음 눈에 들어왔을 때의 감동은 사라지고, 다시 한 번 읽어 보니 한 구절 한 구절마다 맘에 들지 않는 말들뿐이다. 지금까지 둘째의 설움을 참으면서 살았지만 참았던 보상은 언제 온다는 거야? 도대체 언제 즐거운 날이 온다는 것이냐고! 괜히 시집에 화풀이를 하며 나는 등을 홱 돌려 옆으로 누웠다.

나는 이 집의 둘째 딸, 아무도 관심 갖지 않는 둘째다. 지금 내 옆에서 언니의 이런 마음은 눈곱만큼도 생각하지 못하고, 코를 골면서 자는 승은이가 내 동생이다. 이 집의 장녀이자 잘난 척 여왕, 우리 언니는 저쪽 방에서 헤드폰을 끼고 있겠지.

다른 집도 그런지 모르겠지만 우리 집에서 둘째인 나는 잊혀진 사람 같을 때가 많다. 언니는 첫째라서 귀하고, 내 동생은 막내딸이라서 예쁘다고 한다. 나는 이것도 저것도 아니다. 그냥 덤으로 중간에 낀 자식? 뭐 그 정도나 될까?

사실 가운데 낀다는 건 원래 제일 중요한 사람 아니겠어? 1위를 해서 상 받는 가수도 가운데 서고, 인기 많은 친구들도 가운데 끼어서 다니고 말이야. 생선도 가운데 토막이 제일 맛있고, 착한 사람한테 부처님 가운데 토막이라고 하는 건 왜 그렇겠어? 가운데가 그만큼 좋다는 거 아니야? 햄버거도 빵 사이에 끼어 있는 패드가 진짜 제 맛이잖아. 그거 빠지면 무슨 맛으로 먹겠냐고.

그런데 내 사정은 그렇지가 않다. 언니와 동생 사이에 끼어 있는 나는 늘 찬밥 신세. 찬밥은 그래도 배고플 때는 인기가 있다. 내 사정은 찬밥도 아니고 가짜 밥이 더 맞을 거야. 식당 앞에 모형으로 진열돼 있는 거 말이야. 모양은 밥이되 밥은 아닌 가짜 밥. 모양은 둘째 딸이지만 관심받지 못하는 딸, 나는 가짜 딸일지도 몰라.

혹시 내 친부모님은 딴 데 있는 것이 아닐까? 내가 모르는 사정으로 여기에 오게 된 것은 아닐까? 아니지…… 그렇게 생각하기엔 나는 엄마 아빠를 너무 닮았다. 짙은 눈썹이며 작은 눈, 두툼한 입술까지…… 부모님의 모습을 쏙 빼닮은 것들뿐이다.

참, 그런데 하필이면 엄마 아빠의 못생긴 부분만을 골라 닮을 건 또 뭐람? 내 동생 승은이는 어릴 때부터 예쁘게 생겼다는 말을 하도 듣고 자라서 이젠 듣기 싫을 지경이라는데…… 언니도 마찬가지다. 얼굴이 예뻐서 같은 학교 남자 친구들이 문자도 매일 보낸다. 그래서 더 잘난 척의 여왕이 되었지만.

분명히 언니나 동생이나, 그리고 나나 부모님을 다 닮았는데 이렇게 다른 모습이 되었다.

나는 참 운도 없는 사람이다. 둘째로 태어난 것이나, 못생긴 것만 닮아
나온 것이나…… 아, 다시 생각하니 더 속상해지네. 현재는 한없이 우
울한 것…….

서러운 내 신세

1. 나만 미워해!
2. '뭉크 정민' 선생님
3. 아빠가 이상해
4. 쓸쓸한 아빠의 뒷모습
5. 나의 자리는 어디에?

 어제를 이해하며 내일로 나아가는 것이 삶이다.

-키르케고르

1 나만 미워해!

도무지 찾아도 보이지 않는다. 서랍장을 다 뒤지고 장롱을 몇 번이나 열어 봐도 내 하늘색 바지가 보이지 않는 것이다. 오늘 하얀색 윗도리와 맞춰서 입으려고 어제 생각해 둔 것이었는데 윗도리만 있을 뿐 바지가 보이지 않는다. 나는 전날 밤 미리 입을 옷을 정해 놓고 자는 습관이 있어서 그걸 꼭 입어야만 하루가 편하단 말이다. 가끔은 정해 둔 얇은 옷을 고집해 입었다가 감기에 걸리기도 하지만.

어쨌거나 그 바지가 도대체 어딜 갔담. 한참 찾고 있는데 화장실에서 나오던 승은이를 보고는 화가 치밀고 말았다. 글쎄, 내가 찾던 그 바지를 승은이가 입어 버렸기 때문이었다.

"야! 그걸 왜 네가 입어? 오늘 나 입고 갈 거란 말이야. 얼른 벗어!"

"먼저 입는 사람이 임자지, 왜 꼭 언니만 입어야 해? 언니도 내 옷 많이 입잖아."

승은이가 지지 않고 맞받았다.

"네 옷이 어디 있냐? 다 내 옷이지!"

"엄마가 나 입으라고 사다 준 거잖아! 언니가 내 걸 같이 입는 거지, 왜 언니 거야?"

나는 약이 올라 주먹이 한 대 올라갈 뻔했다. 사실이지, 진짜 내 옷이란 없는 것이나 마찬가지다. 엄마는 언니의 작은 옷은 모두 내게 물려 주고 입게 하면서 동생에게는 예쁘게 생긴 막내딸이라고 가끔 새 옷을 사 준다. 언니는 언니라서 사주고, 동생은 동생이라서 사주고…… 나는 중간에서 언니 옷 물려 입고, 동생 옷을 몰래 입는다.

그런 사정을 인정하고 싶지 않아서 더 고집스럽게 내 옷이라고 우겼지만 동생은 끝까지 양보하지 않는다.

"아침부터 이게 무슨 소란이니? 응? 바지가 그거 하나밖에 없어? 승이, 너는 이미 옷을 입고 있는 동생한테 벗어 달라고 해야겠어? 언니가 언니답게 굴어야지, 동생하고 똑같은 수준으로 싸우려 들고. 철 좀 들어라, 응?"

식탁에 반찬을 꺼내 놓던 엄마가 보다 못해 한소리 했다. 엄마는 늘 그런 식이다. 싸움이 나면 나만 가지고 야단을 치신다니까. 동생하고 싸우면 언니가 양보 안 한다고 하고, 언니랑 싸우면 동생이 언니에게 대든다 하고. 엄만 언니랑 동생밖에 모르는 것 같다.

"엄마, 나 오늘 문제집 사야 하는데."

내가 엄마에게 혼이 나든 말든, 꼭 입으려고 결정해 두었던 하늘색 바지를 승은이에게 뺏기든 말든, 언니는 자기만 생각한다. 이런 소란 중에 돈 얘기라니.

엄마는 하늘색 바지의 주인으로 승은이의 손을 들어 주고는 내 마음도 헤아리지 않고 지갑을 가지러 갔다. 무슨 판결이 이런 식이야? 양쪽의 입장을 일단 들어 본 후 결정을 내려 줘야지, 원칙도 없이 말이야. 하긴 엄마에게 한결같은 원칙이 있긴 하다. 절대 내 편은 들어 주지 않는다는 원칙!

어제 새 옷을 입고 자랑하던 슬기에게 나도 자랑을 좀 해 보고 싶었던 건데. 나는 엄마의 판결 때문에 불만을 볼에 가득 물고 식탁에 앉았다.

"자, 만 원 여기 있다. 문제집 사고 남은 돈 있으면 날도 더운데 음료수라도 사 먹어라."

헉! 만 원이라니! 엄마가 나에게 주는 가장 큰 단위보다 0이 하나 더 많다. 천 원 하나 주면서도 거스름돈을 꼭 남겨 오라는 엄마인데. 내 머릿속에 '편애'라는 말이 떠올랐다.

결국에 나는 하늘색 바지 대신 촌스러운 분홍 바지를 입고 학교에 갔다. 언니가 입던 거라서 무릎 부분엔 색이 바란 흔적도 있고, 무엇보다 입고 있는 윗도리와 어울리질 않았다. 못생긴 얼굴은 옷이라도 예쁘게 입어야 가려지는 건데 엄마는 내게 너무 무신경하다. 슬기는 눈이 큰 편인데도 나중에 크면 엄마가 쌍꺼풀 수술을 해 준다고 했다는데. 쳇, 우리 엄마는 내 이름을 잊어버리지 않는 것만으로도 고마워해야 할지 모른다.

그런 생각에 얼굴이 통통 부어 교실로 들어가는데 등 뒤에서 누가 탁 쳤다.

"저기서부터 계속 불렀는데 듣지도 못하고…… 무슨 생각을 그렇게 하니?"

슬기였다. 슬기는 나랑 제일 친한 친구다. 그런데 어느 땐 제일 먼 친구 같다. 외동딸이어서인지 내 마음을 이해해 주지 못할 때는 참 속상하다. 언니랑 동생이랑 싸운 얘기나 엄마에게 혼난 얘기 같은 걸 해 주면 내 기분을 알아주는 게 아니라, 재미있다며 웃느라 바쁘다. 자기는 집에 혼자만 있기 때문에 그렇게 자매끼리 노는 게 부럽다고 말이다. 노는 게 아니라 정말 싸우는 건데.

아마 슬기가 나와 같은 처지에 하루만 있어 보면 못 견디고 도망갈걸? 슬기 하나만 위해서 엄마와 아빠가 필요한 건 다 해 주는 환경에 있다가 우리 집에 와서 살아도 진짜 재미있다며 웃을 수 있을까?

나는 슬기의 귀여운 얼굴이랑 자신만만한 태도가 부럽다. 혼자만 사랑을 받는 사람의 자신감, 하고 싶다는 건 다 할 수 있는 형편, 매일 새로 산 예쁜 옷만 입는 것, 모두 다 부럽다. 샘이 난다. 나는 왜 그런 집에서 태어나지 못했을까? 슬기를 보면 내 처지가 더 속상하고 비교돼서 멀리 하고 싶을 때도 있다. 그렇지만 슬기는 가방에서 작은 봉지를 꺼내면서 말했다.

"승이야, 이거 나눠 먹자. 엄마가 어제 만든 쿠키인데 너 주려고 싸왔어."

하여튼 나를 생각해 주는 사람은 슬기밖에 없다니까. 이런 것 때문에 나는 슬기랑 여전히 단짝 친구다.

"나 미술반에 들 건데, 너도 같이 안 할래?"

슬기가 갑자기 말을 꺼냈다. 미술이라…… 사실 나는 그림 그리기를 아주 좋아한다. 대회에서 상을 탄 적도 있고, 소질이 보이니 제대로 공부해 보면 어떠냐는 선생님의 제안을 받기도 했다. 그림을 그리려고 흰 스케치북을 펼쳐 놓고 있으면 하얀 종이 안에 그리고 싶은 그림이 저절로 보인다. 그 시간이 나는 제일 좋다. 다른 무엇도 다 잊어버리고 색을 칠해 가는 그 시간이 말이다. 그러니 슬기의 말에 욕심이 나는 건 당연했다.

"이번에 새로 오신 미술반 선생님, 진짜 잘생기셨다. 너도 보면 엄청 맘에 들걸? 그래서 나 미술반에 들려고."

슬기가 눈을 빛내며 말했다. 그동안 미술반을 지도하던 선생님이 아기를 낳느라 휴직을 하신다더니 새로 남자 선생님이 오셨나 보다. 치, 슬기는 그림에는 소질도 없으면서 그저 남자 선생님이라고 수업 받겠다고? 암튼 못 말려.

그나저나 미술반 선생님이 남자든 아니든, 나는 그림 수업을 받고 싶다. 그렇지만 중학생 언니의 학원비와 동생의 피아노 레슨—내 동생 승은이는 4살 때부터 혼자 피아노를 치기 시작했다. 재능이 너무 돋보여 지금도 개인 레슨을 받고 있다—비용을 내는 것도 빠듯한데 나까지 미술 수업을 받겠다고 할 수는 없다. 그림을 그리려면 필요한 도구와 물감들을 사는 데만도 돈이 많이 들기 때문이었다. 아, 우리 집은 왜 풍족하지도 않아서 내게 이런 고민을 안겨 준단 말인가. 나는 정말 지지리도 운이 없는 둘째 딸이다.

내가 얼른 대답을 하지 못하자 슬기가 졸랐다.

"오늘 그 선생님이 하는 첫 수업이니까 한번 같이 가 보자. 가 보고 나서 결정해. 나는 벌써 신청해 놨는데, 너도 맘에 들면 추가 신청하면 될 거야. 이따가 꼭 같이 가, 알았지? 꼭!"

슬기는 자기 혼자 내 일정까지 다 결정해 놓고 그런다. 그냥 한번 들어가 보는 거라니까, 뭐 한번 가 보자.

2 '뭉크 정민' 선생님

학교 수업이 다 끝나고 우리는 미술반의 교실 문을 드르륵 열었다. 교실 안에는 몇 안 되는 아이들이 앉아 있었고, 남자 선생님 한 분이 탁자 앞에 서 계셨다. 신기하게도 우리를 포함해 학생은 모두 여자 애들뿐이었다.

슬기 말은 진짜 틀린 것이 아니었다. 첫눈에 보아도 말끔한 차림에 얼굴도 하얗고, 콧날이 조각상처럼 날카롭게 선 모습이 정말 잘생긴 외모였으니 말이다. 얼굴에 그늘이라고는 하나도 없는 듯이 환하고 밝은 모습에 저절로 마음이 갔다. 그런 선생님의 얼굴을 보자마자 나도 모르게 가슴이 콩닥콩닥 뛰었다. 슬기와 나는 살살 걸어서 둘째 자리의 책상에 가서 앉았다.

"이제 모두들 다 온 건가? 생각보다 학생이 많지는 않네. 아직 내가 왔다는 소문이 퍼지지 않았나 보지?"

목소리도 근사하다. 약간의 왕자 병이 있는 듯하지만 그것마저 멋진걸.

선생님은 손가락으로 분필을 집어 칠판에 무언가를 썼다.

'뭉크 정민'

뭉크 정민? 저게 뭘까? 이름인 것도 같은데…… 선생님이 뭉 씨는 아닐 테고……. 다른 아이들도 궁금한 생각에 고개를 갸웃거렸다.

"자, 이게 내 이름이다. 원래는 김정민인데, 요즘 인기 스타들 보면 이름 앞에 뭘 붙이더구나. 선생님도 그래서 하나 붙여 봤다. 하하."

참, 선생님도. 슬기와 나는 얼굴을 마주 보며 키득키득 웃었다. 요즘의 유행도 알고, 제법 멋쟁이 선생님인걸.

"뭉크는 노르웨이의 미술가인데 특이한 그림들을 많이 그렸단다. 너희들 중에도 혹시 본 적이 있을지 모르겠구나. 절규라고, 일그러진 얼굴의 사람이 소리를 지르는 것 같은 그림 말이야. 뭉크는 제목부터 어둡고 무거운 소재들을 그렸지. 병든 아이, 병실의 죽음, 생명의 프리즈…… 이런 작품들에서도 보듯이 죽음에 관련된 그림을 그렸단다. 선생님이 워낙 뭉크의 그림을 좋아해서 내이름 앞에 한번 써 봤다."

죽음이라고? 선생님의 저 환한 얼굴 어디에 그런 취향이 있는지 짐작되지 않았다. 밝게만 살았을 것 같은 곱상한 얼굴에서 왜 죽음 같은 으스스한 단어가 나올까?

나는 흘끗 옆 자리의 슬기를 바라보았다. 슬기는 완전 넋이 나간 것 같았다. 선생님의 말을 듣는다기보다 선생님의 얼굴을 감상한다는 표현이 맞을 것 같았다. 무슨 말을 하고 있는지 이해나 할까 싶었다. 어이구, 금방이라도 침이 떨어지겠는데…… 입 좀 다물지 그래.

나는 슬기의 팔을 살짝 건드렸다. 그제야 정신이 돌아온 듯 슬기는 나를 한 번 보더니 실실 웃는다.

"저 선생님, 너무 멋있지 않니? 저 손가락 좀 봐. 하얗고 기다란 저 손. 아, 내 이상형이야!"

아주 푹 빠졌다. 처음엔 콩닥거리던 내 가슴도 슬기의 이런 모습에 김새 버렸다. 난 누군가와 같은 걸 좋아하는 건 질색이니까 말이다.

아이들이 자신의 말에 푹 빠진 것을 보고는—사실은 그 얼굴에 빠진 것이지만—더 기운이 나는지 선생님은 계속 이야기를 했다.

"나는 삶과 죽음이라는 것만큼 우리의 정신을 깊이 생각하도록 만드는 것은 없다고 본다. 사람은 누구나 세상에 태어나 홀로 죽음을 맞이하지. 아직 너희들이 어리지만 이 문제에 대해 생각하지 못할 것은 아니다. 나는 생각의 깊이가 곧 미술 작품이라고 믿는다. 그림을 그리는 것은 색칠을 하는 기술이나, 스케치를 잘 하는 실력만 쌓는다고 되는 건 아니니까 말이야. 그림 안에 담을 자신의 생각, 그것이 먼저란다."

뭉크인지 뭔지를 좋아한다더니 점점 말하는 것도 특이하시네. 우린 아직 십 몇 년밖에 살지 못했는데 죽음에 대한 얘기를 하니 이상한 기분이 들었다. 선생님 인생에 무슨 큰일이라도 있었을까?

"선생님은 개인적으로 죽음에 관한 그림들을 아주 좋아한다. 생명을 가진 모든 것은 죽음 앞에 서는 것이니까, 그것에 관해 생각해 보는 것은 의미 있는 것이지."

너무 무거운 얘기를 했다는 생각이 들었는지 선생님이 갑자기 빙긋 웃으며 말을 이었다.

"첫날부터 놀랐냐? 선생님이 분위기 좀 잡아 보려고 그런 거다. 하하. 어때? 멋있어 보이니?"

"안 그래도 멋있어요!"

옆에서 슬기가 얼른 대답했다. 그렇겠지. 슬기는 암튼 잘생긴 남

자를 너무 좋아한단 말이야.

슬기의 말에 선생님은 어깨를 으쓱하며 당연하다는 표정을 지었다. 생각보다 왕자병 증세가 심한 것 같다.

우리들은 첫날이라 정물 스케치하는 것으로 수업을 시작했다. 정식으로 배운 적은 없지만, 내가 생각해도 제법 소질이 있는 것 같다. 그리는 것이 재미있어서 탁자 위에 놓인 과일을 열심히 스케치하다 보니 수업이 끝나는 시간이 되었다.

"자, 오늘은 여기까지. 다음 시간에도 스케치를 할 테니 물감 도구는 가져오지 않아도 된다. 너희들과의 첫 만남이 선생님은 매우 좋았는데, 너희들도 그렇겠지?"

아이들이 입을 모아 큰 소리로 대답했다. 당연히 좋다고 말이다. 그렇게 수업이 끝나고 슬기와 나는 집으로 가려고 교문을 나섰다.

"아, 뭉크 정민 선생님 너무 멋있지 않니? 뭉크라니! 오, 진짜 근사해!"

예상대로 슬기는 선생님에게 빠져 호들갑이다. 뭐 인상 좋다는 건 인정하지만 슬기처럼 유난을 떨고 싶지는 않다. 나는 그것보다 미술 공부를 하겠다는 말을 집에 어떻게 얘기할까가 더 문제였다. 요즘 들어 엄마의 한숨도 잦아졌고 돈 걱정하는 말도 여러 번 들었기 때문이다. 거기에 미술 공부하겠다고 어떻게 말한담. 하지만 정말 하고 싶은데…….

내 걱정과는 상관없이 슬기는 선생님 얘기만 계속 종알대다가 갈림길에서 우리는 헤어졌다.

나 혼자 집으로 향하는 발걸음이 무겁게 느껴졌다.

3 아빠가 이상해

"딩동……."

초인종을 누르자 현관문이 열렸다.

"어, 아빠! 아빠가 이 시간에 웬일이세요?"

늘 문을 열어 주던 승은이가 아니라 아빠가 서 계셔서 깜짝 놀란 내가 물었다.

"으응…… 오늘 하루 그냥 쉬게 됐다."

"그럼 휴가예요? 왜요? 몸이 피곤하세요?"

아빠의 얼굴에 편치 않은 기색이 떠오르는 것 같았다. 무슨 근심이 있으신가? 아니면 너무 쉬지 않고 일해서 지치신 걸까?

아빠는 우리 집에서 나보다 더 잊혀진 사람이다. 우리들이 일어난 시간에는 벌써 출근해서 없고, 우리들이 잠든 시간이 지나서야 퇴근하고, 주말에도 거의 출근하거나 아니면 집에서 잠만 주무시기 때문에 아빠가 있다는 걸 잊어버릴 정도다. 그래서 이 집에는 늘 여자 넷의 목소리만 들린다.

그런 아빠기 때문에 우리는 아빠와 무엇을 하거나, 같이 어디를 갔던 추억이 별로 없다. 사진첩에는 어린 우리들과 놀러 갔던 모습이 몇 장 있지만, 우리들이 좀 큰 뒤로는 그런 일조차 없게 되었다. 아빠는 항상 회사 일로 바쁘고, 그래서 우리들과 함께 할 시간이 없는 사람, 그런 존재였다.

"그냥 하루 쉬려고 그래. 좀 피곤해서…… 저 탁자 위에 감자 부침 해 놨다. 배고프면 먹으라고."

정말 이상하시네? 한 번도 우리를 위해 요리를 한다거나 식사를 챙겨 준 일도 없었는데…… 그런 아빠가 부침개도 다 해 놓으시고…… 아무래도 아빠가 이상해 보인다.

"엄마는 앞 동에 놀러 가셨다."

텔레비전에 시선을 주면서 아빠가 말했다.

거의 처음으로 아빠와 단둘이 있게 되니 별로 할 말도 없고 어색했다. 세상에서 제일 친한 사이가 아빠와 딸일 텐데 이렇게 낯설다니. 아빠와 같이 한 시간이 너무 없어서 그럴 것이다. 아빠는 항상 회사에 나간 사람이었으니까. '아빠와 딸' 보다는 '아빠와 회사' 가 훨씬 잘 어울리는 낱말일 것이다.

"승은이는요?"

"엄마가 데리고 갔어. 승은이 친구네 집이라던데."

승은이마저 없는 집에 단둘뿐이라니. 이 집에서 제일 관심 받지 못하는 두 사람이 맨송맨송 앉아 있는 그림이 어색해서 나는 일어났다.

"아빠, 저 들어가서 숙제할게요."

그러라고 대답하면서 아빠는 텔레비전을 끄고 책을 한 권 펼쳐 드셨다. 책 읽는 아빠의 모습이라니? 처음 보는 그 모습에 내가 농담 삼아 한마디 했다.

"아빠가 책도 읽으세요? 저는 아빠가 한글 못 읽는 줄 알았는데……"

"이 녀석아, 그래도 아빠가 예전엔 공부를 열심히 하는 학생이었단다. 손에서 책을 놓지 않고 살았었단 말이야. 너희들 먹여 살리 느라 이렇게 된 거지만."

농담 한마디에 정색하며 말하는 아빠의 대답이 이상하게 가슴에 얹혔다. 예전에는 책을 좋아하던 학생이었다는 아빠가 회사 다니면서 아무것도 못하시게 되었다는 말이 좀 슬프게 들렸다. 나는 대답 대신 등을 돌려 내 방으로 살그머니 들어왔다. 아빠가 좋아하는 책을 많이 읽으시라고 자리를 비켜 드리고 싶었기 때문이었다.

한참 지나 시계를 보니 어느새 저녁때가 다 되었다. 다들 왜 이렇게 안 들어올까 하면서 방에서 나오려는데 초인종이 울렸다.

"엄마다."

엄마와 승은이가 친구 집에서 돌아왔나 보다, 하고 문을 열었는데 언니도 같이 서 있었다.

"저 앞 횡단보도에서 만났어. 우리는 길에서 떡볶이 사 먹고 왔는데, 언니는 같이 못 먹어서 섭섭하지? 거기 떡볶이 진짜 맛있었는데."

승은이가 자랑을 늘어놓는다. 나만 빼놓고 놀았던 적이 뭐 처음은 아니건만, 그래도 섭섭한 건 매번 똑같다.

"집 앞이라면서 사서 싸 가지고 오면 덧나니? 나 빼고 먹으면 더 맛있어?"

심술이 난 내가 만만한 승은이한테만 큰소리를 쳤다.

"어유, 참. 다음에 같이 먹으면 되지 뭐, 그렇게 큰일이라고 소란이야? 어서 들어가."

엄마는 여느 때와 똑같이 내 편은 안 드는군. 그깟 떡볶이는 안 먹어도 그만이지만 나만 빼고 셋이서만 즐거웠을 걸 생각하면 샘이 나는 건 어쩔 수 없었다.

"승이하고 나는 저녁 안 먹었는데. 당신이랑 애들은 배가 덜 고프겠네."

아빠가 엄마의 눈치를 살피는 듯 보면서 조심스레 말을 했다. 이상하다. 아빠가 왜 엄마에게 저러실까?

"승은이랑 저는 그 집에서 실컷 먹고, 오다가 떡볶이도 먹어서 밥 생각이 하나도 없네요."

"저도 친구들이랑 늦게 뭘 먹었어요. 저녁은 안 먹을래요."

언니마저 밥을 안 먹겠다고 하는 바람에 식사할 사람은 아빠와 나만 남게 되었다.

"그럼 그냥 라면 끓여 먹지 뭐. 승이야, 아빠랑 둘이 라면 먹자. 어때?"

아빠는 엄마에게 저녁을 차려 달라는 것이 미안한 눈치인지 먼저 일어서 냄비에 물을 부어 가스레인지 위에 올려놓았다.

"그래요, 그럼. 승은이랑 오늘은 그냥 라면 드세요. 먹을 반찬도 마땅찮으니……."

아빠를 보는 엄마의 눈길이 쌀쌀하게 느껴질 정도로 무관심했다. 엄마는 안방으로 들어가 버리고 언니도 자기 방으로 들어가 문을 닫았다. 사춘기인 언니는 원래 그랬으니까 그러려니 하지만 엄마가 방으로 들어가 버리는 건 이상한 일이었다. 분명히 엄마와 아빠 사이에 무슨 문제가 있는 것 같았다.

승은이만 눈치 없이 내 옆에서 조잘대면서 놀러 간 친구네 집에는 침대가 세 개 있다는 둥, 친구는 자기 혼자만 방을 쓰는데 공주님 방처럼 꾸며져 있다는 둥, 텔레비전이 엄청나게 크다는 둥 쉬지 않고 친구 집의 살림살이를 중계 방송했다.

"언니, 우리도 방이 따로 있었으면 좋겠지. 친구네는 네 식구가 사는데도 방이 네 개야. 우리는 다섯 명이나 되는데 방이 세 개뿐이라니. 우리도 그런 집으로 이사 가면 좋겠다. 그치?"

무언지 모르지만 아빠와 엄마의 분위기도 심상치 않은데, 승은이는 잘 사는 친구네 집만 부럽다는 타령을 하고 있으니 듣고 있는 내가 더 신경 쓰였다. 말없이 라면을 후루룩 드시는 아빠의 얼굴에 어두운 빛이 스치는 것 같아서 승은이의 입을 틀어막고 싶을 지경이었다.

"언니 먹는 데 방해되니까 넌 들어가서 숙제나 하지 그래?"

눈치 없이 수다를 떠는 승은이가 얄미워서 면박을 주듯이 한마디 했더니 승은이는 입을 오리처럼 내밀고는 방으로 들어갔다.

4 쓸쓸한 아빠의 뒷모습

아빠와 나, 둘이만 식탁에 앉아 라면을 먹었다. 식구가 다섯이나 있지만 이 시간에는 아빠와 나, 단둘이만 사는 집 같았다.

말할 수 없이 무거운 분위기로 저녁을 먹은 아빠와 나는 그 뒤로도 더 할 말이 없어 그냥 있었다. 조용한 것이 참을 수 없이 불편해진 내가 일부러 분위기를 띄우려고 수선을 피웠다.

"아빠 배엔 뭐가 들어 있을까? 혹시 아빠가 우리 동생 낳아 주려고 그러는 건 아니죠? 진짜 임산부 같아요. 아빠, 운동 좀 해야겠는데……."

내 말에 웃는 듯 마는 듯 아빠가 힘없는 미소를 지었다.

"다이어트에는 과일이 좋다니까 제가 과일 깎아 올게요. 자, 과일 드실 분 나오세요."

그러면서 냉장고에서 수박이랑 자두를 꺼내 왔다. 아빠도 하나 드리고 나도 하나 베어 물려는데 승은이랑 엄마가 나왔다. 원래 승은이는 수박 대장이고 엄마도 승은이 못지않게 수박을 좋아하신다. 방까지 스며든 수박 냄새를 이기지 못하고 나오셨나 보다.

"앵…… 수박 단물을 좋아하는 두 꿀벌이 나오십니다. 엄마 꿀벌, 아기 꿀벌, 그런데 사춘기 꿀벌은 어디 있을까요?"

내 장난에 승은이가 킬킬거리고 엄마도 피식 웃었다. 사춘기 꿀벌인 우리 언니는 원래 저런 사람이니까 뭐, 안 나오는 게 당연하다. 만날 방문을 걸어 잠그고 그 안에서 뭘 하는지.

분위기를 띄우려는 내 노력 덕에 상 앞에 모두 둘러앉았다. 수박을 하나씩 들고 먹는데 퍼뜩 미술반 생각이 났다. 아 참, 미술 수업을 받고 싶단 얘기를 꺼내야지. 지금 좀 분위기가 좋으니까 슬쩍 말해 볼까? 나는 마침 엄마 아빠가 있는 자리에서 허락을 받고 싶어 기회를 살폈다.

아까 냉랭하던 때와 달리 엄마 아빠도 안색이 그리 나쁘지 않았다. 그래, 지금 말을 꺼내 보자.

"엄마, 나 미술 공부를 하고 싶은데, 학교에서 미술반 활동하면 안 돼요? 학원에 다니는 것보다 돈도 훨씬 적게 들고, 선생님도 좋거든요."

내 말에 순간 엄마의 얼굴이 굳어졌다. 그리고는 씹던 수박을 내려놓으며 크게 한숨을 쉬었다. 엄마의 그런 모습에 아빠도 고개를 숙이고는 아무 말을 하지 않았다.

내가 학원도 아니고 겨우 학교 미술반 활동하고 싶다는데, 그게 그렇게 큰일일까? 아무래도 엄마 아빠의 반응이 너무 이상했다. 승은이는 비싼 피아노 레슨까지 시켜 주면서 내가 그림을 그리고 싶어 하는 건 신경도 안 쓰고. 엄만 정말 너무해. 평소에 담아 두었던 서운한 마음이 불쑥 올라오려고 했다.

"너희들에게 말하지 않고 해결해 보려고 했는데, 어쩔 수 없이 사정 얘기를 해야겠다. 아빠가 며칠 전에 회사를 그만두셨어. 새로 직장을 구해야 하는데 그게 쉽지 않을 것 같다."

아빠가 회사를 그만두셨다니? 그래서 아빠가 낮에 집에 계셨던 거였구나. 그럼 우리는 어떻게 되는 걸까? 아빠가 회사를 다녀야

만 생활비가 생기는 걸 텐데.

"아빠, 그럼 회사에서 잘린 거야?"

엄마 얘기를 듣던 승은이가 분위기도 모르고 물었다.

"그런 셈이지. 구조 조정이라고, 회사의 직원들을 줄이는 상황이 되었는데 아빠가 그만둘 사람 명단에 오른 거다."

"아빠처럼 열심히 일한 사람이 왜 그만두어야 한다는 거예요? 우리랑 놀아 줄 시간도 없이 매일 회사만 갔는데, 회사 말고는 아무것도 생각하지 않는 것처럼 열심히 일했는데 왜 잘려요? 일을 못하는 사람만 해고당하는 거 아니에요?"

정말이지 나는 이해할 수 없었다. 이렇게 우리들이 크도록 우리와 함께 한 기억이라고는 몇 개 없을 정도로 회사만 다녔는데, 그런 직원을 왜 해고한다는 것인지.

"회사는 너희들이 생각하는 것보다 더 복잡해. 열심히 일하는 것만이 다가 아닌가 보더라. 어쨌거나 당장 아빠가 회사를 나가지 않으니 우리는 생활비를 줄여야만 한다. 언제 새 직장이 구해질지 모르니까 돈을 최대한 아껴 써야지. 언니는 중학생이라 학원을 안 다닐 수 없지만…… 승은이의 피아노 레슨도 당분간 쉬어야 할 것 같다."

엄마가 이런 얘기를 한참 하는 동안에도 아빠는 아무 말씀을 하지 않았다. 아빠의 얘기인데도 정작 아빠는 고개만 숙이고 있었다.

"피아노를 쉬라고? 그건 안 돼! 싫어! 난 계속 할 거야!"

승은이가 곧 울듯이 소리쳤다. 피아노 치기는 사실 승은이가 가장 하기 좋아하는 일이다. 내가 그림 그리기를 좋아하는 것처럼. 그런 것을 하지 못하게 되었으니 승은이도 속상할 것이다. 어렵게 말을 꺼낸 나도 미술 공부를 할 수 없게 되리라는 것에 눈물이 날 것 같았다.

"당분간만이야. 응? 승은이 너도 이제 어린애가 아니잖아. 우리 집의 사정도 생각할 줄 아는 나이 아니니? 아빠가 다른 회사를 찾게 되면 다시 시작할 수 있어. 그때까지 조금만 참자."

엄마도 너무 속이 상하신지 승은이를 야단치듯 달래셨다. 승은이는 엄마 말에 대답도 없이 발딱 일어나더니 방으로 휙 가 버렸다. 나도 어떻게 해야 할지 몰라 자리에서 불편하게 움직거렸다.

"그러게 당신이 좀 잘했으면 좋잖아요? 새로 온 젊은 사장이 맘에 안 든다고 그렇게 티를 내면 어떡해요? 다른 직원들처럼 눈에 잘 보이게 애를 써야지, 당신이 혼자 몸이냐고요? 애들 셋의 가장이 그런 것도 참지 못하면 어떻게 이 식구를 먹여 살리겠어요! 당장 생활비 들어갈 건 줄 섰는데. 요새처럼 일자리 구하기가 하늘의 별따기인 때에 새 직장이 빨리 구해질지도 걱정이고…… 아유, 나도 모르겠어요."

내가 그만 일어서서 내 방으로 가려니 등 뒤에서 엄마의 한숨 소리가 길게 이어졌다. 승은이와 내 앞에서는 참았던 말들이 아빠에게 쏟아지나 보았다.

"맞지 않는 지시나 내리고 자기 기분대로나 하는 사장을 어떻게 하겠나? 나도 그동안 참을 만큼 참았다고. 당신은 내 기분은 생각하지도 않고 당신 말만 해야겠어?"

"당신은 이 집의 가장이잖아요. 기분이 먼저가 아니라 생계를 책임져야 하는 게 먼저 아니에요?"

"가장? 당신이 나를 가장이라고 대접해 준 적이나 있어? 이 집의 돈 버는 기계였지, 내가 언제 가장다운 가장이기나 했냐고!"

어려운 상황이 닥쳐서인지 엄마와 아빠의 말다툼이 계속 이어졌다. 나는 더 듣고 있기가 불편해서 그냥 방문을 닫아 버렸다.

"아빠는 너무해. 내가 피아노 치는 걸 얼마나 좋아하는데 그것도 못하게 만들다니. 내 친구는 아빠가 바이올린까지 사 줘서 두 가지 다 하게 되었는데, 나는 이게 뭐야!"

내가 들어오자마자 승은이가 괜한 화풀이를 나에게 쏟았다.

"철 좀 들어라. 너는 집에 어떤 어려움이 있는지 생각이나 해 본 거니? 아빠는 얼마나 속상하시겠어? 잠깐 그거 못한다고 큰일이 나냐고!"

나도 미술반을 못하게 된 것에 가뜩이나 울적한데 동생이 친구 얘기까지 들먹이니 얄미워서 한소리 했다. 더 부자인 친구들과 비교하자면 끝도 없다. 슬기만 해도 형제 없이 혼자이기 때문에 해 보고 싶은 것 다 하고 산다. 방도 혼자 쓰고. 나는 철없는 저 동생이랑 한 침대에서 자는 것도 불편한데, 지금까지 비싼 피아노 레슨을 받았으면서도 투덜거리는 동생을 보고 있자니 화가 치밀어 올랐다. 승은이는 이제 아예 이불을 싸고 훌쩍거렸다. 이래서 어린애들이랑은 대화가 안 된다니까.

나는 살그머니 방문을 열어 보았다. 엄마와 아빠는 하실 얘기를 끝냈는지 더 이상의 싸우는 소리는 안 들렸다. 아빠는 베란다에서 컴컴한 바깥을 혼자 바라보고 계셨고, 엄마는 방으로 들어갔는지 마루에 보이지 않았다. 아빠의 뒷모습이 지금까지 본 중 가장 쓸쓸해 보였다.

5 나의 자리는 어디에?

나는 언니 방 앞에서 조용히 노크를 했다. 언니 방 앞에는 '관계자 이외 출입금지' 문패가 붙어 있었다. 어디서 주워 왔는지는 모르겠지만, 언젠가 건물의 으슥한 데나 붙어 있었던 것 같은 팻말을 가져오더니 자기 방 앞에 저렇게 붙여 놓은 것이다. 언니는 빨간 글씨에 사선으로 두 줄이 그어진 그 팻말을 아주 맘에 들어 했다. 문 앞에 금지 표시가 붙은 날, 언니는 앞으로 자기 방에 누구도 들어오지 말라고 경고했었다. 그런 표시가 없던 예전에도 입장

시켜 주지 않았으면서 말이다. 중학생이 되던 날부터 언니는 어린이들과는 놀 수 없다며 우리랑 거의 말도 안 했다. 무슨 비밀이 그렇게 많은지 전화도 몰래 하고, 어디 외출할 때는 자기 방을 꼭 걸어 잠그고 다녔다. 엄마는 사춘기라서 그런 거라며 언니를 이해해 주었지만, 나는 도무지 언니를 이해할 수 없다. 사춘기가 되면 원래 그러는 걸까?

"언니…… 나 좀 들어가도 돼?"

빨간 금지 표시가 문 앞에 막고 있었지만 오늘 같은 날에는 승은이보다 언니가 더 말 상대가 될 것 같았다. 사춘기 언니라면 철없는 동생과는 뭔가 다른 생각이 있겠지. 오늘의 이 비상사태에 대해서 말이다.

"앞에 글씨 안 보여?"

언니가 방 안에서 소리를 질렀다.

"관계자 이외 출입금지잖아. 언니랑 나는 자매관계니까 관계자이지? 그러니까 들어가도 되잖아."

"바보야! 관계자는 이 방에 관계된 사람 말이지! 이 방의 관계자는 나뿐이니까 아무도 못 들어와! 그리고 나는 지금 시험공부를 해야 한다고."

문도 열어 주지 않고 언니가 대꾸했다. 시험공부라고? 흥! 순정 만화책이나 실컷 읽고 있겠지.

언니에게마저 거절당하고 나자 말을 할 사람이 없어졌다. 엄마는 엄마대로 속상해 계실 테고, 아빠는 아빠대로 근심에 싸여 있을 것이다. 동생은 고작 피아노나 못 치게 되었다고 이불을 쓰고 있고, 나는 나대로 미술반을 하지 못하게 될 것과 집의 사정을 걱정하느라 마음이 편치 않았다. 우리 집에서 제일 맘이 편한 사람은 언니 한 사람일 것이다. 엄마도 중학생인 언니의 학원만큼은 어떻게든 보내야 한다고 하셨으니 아무런 영향을 받지 않는 것은 역시 언니뿐이니까.

집안의 공기는 무겁게 가라앉았다. 아빠의 실직이라는 큰일을 두고 언니를 제외한 모두가 시름에 잠긴 것이다.

얼마나 지났을까, 눈을 떠 보니 스탠드에만 불이 밝혀져 있고 승은이는 침대에 누워 자고 있었다. 책상에 앉아 일기를 쓰다가 깜박 잠이 들었나 보다. 속상한 일이 있을 때마다 꺼내서 쓰는 내 일기장의 이름은 길버트다. '빨간 머리 앤'의 남자 친구 길버트 말이다. 앤의 옆에서 진정한 친구로 평생을 함께 한 길버트가 나의 이상형이라 내 일기장 이름이 길버트가 된 것이다.

길버트라고 이름 부르며 한 글자 한 글자 쓰다 보면 우울한 마음도 가라앉고 진짜 길버트가 내 말을 들어 주는 것 같아 기분이 좋아진다. 그래서 이것이 속상함을 해결하는 나만의 방법이다.

오늘도 그런 마음에 한참 뭘 쓰고 있었는데, 어느새 책상에 엎드려 졸았나 보다. 일기장을 덮고 나는 목이 말라 부엌으로 나갔다.

그런데 안방에서 무슨 소리가 두런두런 들렸다. 엄마 아빠는 이 시간까지 주무시지 않고 무슨 얘기를 그렇게 하실까, 생각하며 냉장고에서 물을 꺼내는데 갑자기 큰 소리가 났다.

"벌써 두 달이 넘었다고요! 우리 살림에 한 달만 월급을 받지 않아도 얼마나 힘들어지는 줄 알아요? 애들에게 들어가야 할 돈을 낼 날짜는 꼬박꼬박 돌아오는데, 이제 빌린 돈도 다 바닥나고, 당신은 무슨 생각이 있는 거예요?"

엄마의 목소리였다. 아빠가 회사에 다니지 않으신 게 두 달이나 되었다니…… 아까는 아빠가 이제 막 회사를 그만두신 줄 알았는데 진작부터 다니지 않으셨구나. 그동안 내색하지 않고 생활하느라 엄마도 얼마나 힘드셨을까…….

"난들 답답하지 않겠어? 나도 매일 구직 정보 알아보고, 일자리

구하려고 애쓰고 있다고. 지금까지 한 번도 쉰 적 없이 일하다가 겨우 두 달 쉬었는데 당신도 너무하는군.”

“아니, 다른 집 남편들은 뭐 쉬면서 살아요? 다들 자식 교육 시키고 집 마련한다고 그렇게들 산다고요. 당신처럼 무능한 사람하고 내가 왜 결혼은 했는지, 후회가 막심이에요!”

엄마의 언성이 높아지자 아빠도 소리를 높여 말했다.

“그래! 후회막심이면 지금 당장이라도 이혼합시다. 나도 당신처럼 이해심 없는 사람과는 살기 싫으니까!”

엄마 아빠가 저렇게 큰소리로 싸우는 모습은 처음 보았다. 이혼이라는 말까지 나온 것은 더더구나 처음이었다. 나는 심장이 쿵쾅거려 다리가 떨어지지 않았다. 이러다가 정말 엄마 아빠가 헤어지기라도 하면 어떡하지? 그럼 우리 식구는? 너무 떨리는 마음에 물을 마시려던 것도 잊어버리고 안방의 소리에 더 귀를 기울였다.

“좋아요! 당신처럼 생활 능력 없는 사람하고 사느니 내가 돈 벌어서 우리 승은이 피아노 교육 시킬 거예요! 그거 하나 내가 못하겠어?”

“할 수 있으면 그러라고. 대신 승진이까지 데려갈 생각은 말라고. 내가 어떻게든 승진이는 좋은 대학 보낼 거야!”

엄마의 말에 아빠의 큰소리가 뒤를 이었다. 나는 순간 머릿속이 새하얘지는 것 같았다. 엄마 아빠가 헤어지게 되는 것도 무서웠지만, 엄마 아빠의 말이 귀에서 윙윙거렸기 때문이었다. 승진이는 내가……, 승은이는 내가…… 엄마와 아빠가 서로 언니와 동생을 데려가겠다고 했다. 그러면 나는? 나는 누가 데려간다는 말인가? 엄마 아빠 모두 나를 책임지지 않겠다는 말인가? 언니와 동생 사이에서 서운한 것이 많았지만, 그 모든 것을 합쳐도 오늘만큼은 아니었다. 우리 식구가 뿔뿔이 갈라서게 된다면 엄마와 승은이, 아빠와 언니는 한편이 되겠지만 나는 아니었다. 나는 버림받은 것이다…….

엄마 아빠의 뒷말도 듣지 못하고 나는 어떻게 걸어왔는지 내 방으로 돌아와 책상 의자에 털썩 앉았다. 손끝까지 힘이 빠져 나가는 것 같았다. 엄마도 아빠도 나는 데려가지 않으려 한다. 이제 정말 우리 식구가 헤어질지도 모르는데, 나는 아무 편에서도 오라고 하지 않는다…… 머리에 1톤짜리 망치를 맞은 것보다 더 큰 충격이 내려앉았다.

화가 나는 것인지, 분이 치밀어 오르는지, 참을 수 없는 슬픔인지…… 알 수 없는 감정들이 마구 솟아났다. 눈물이 날 것 같은데

나지 않는다. 이런 내 기분을 뭐
라고 하면 좋을까. 외로움? 서글
픔? 아픔? 아니, 그 어느 것도 내
마음을 설명하기에는 부족하다.
내 기분은…… 그래, 절망이다.
이럴 때에 절망이라는 말을 쓰는
것이겠지? 바다 속의 깊은 바닥
까지 내 몸을 가라앉힐, 그만한
무게의 돌이 발목에 달려 있는
것 같은 기분…….

그 밤이 어떻게 지났는지 모르
는 사이 날이 밝아 왔다.

외로움, 슬픔, 아픔, 화남, 분노 , 절망

외로움, 슬픔, 아픔, 화남, 분노 , 절망.

어긋난 관계, 절망

　딸 셋이 있는 집안의 둘째 딸인 승이에게 절망이 찾아온다. 첫째 딸과 셋째 딸과는 달리 항상 부모의 관심 밖에 밀려 있는 승이는 아버지의 실직과 더불어 찾아온 가정의 불화 가운데 소외감을 더욱 절실하게 느끼게 된다.

　절망에 빠진다는 말은 관계 맺음에서 문제가 생겼다는 것을 의미한다. 관계가 어긋나 있음을 말하는 것이다. 어떤 일에 실패했을 때 사람들은 절망에 빠질 수도 있고, 또 어떤 경우에는 약간의 실망으로 끝날 수도 있다. 이러한 차이가 나는 것은 그 일과 자기 자신이 맺고 있는 관계의 성격 때문이다. 자신과 절실한 관계를 맺고 있는 일에서 실패할 때면 깊은 실망과 절망을 느끼게 되지만, 그 일을 그다지 중요하게 생각하지 않는다면 절망을 느끼는 데까지 이르게 되지는 않을 것이다.

　인간이 절망하게 되는 것은 정신이 있기 때문이다. 키르케고르는 "인간은 정신이다"라고 말한다. 절망에 빠진 사람은 자신이 진정으로 누구인가를 물을 수도 있고 그렇지 못할 수도 있다. 절망은 새로운 기회가 될 수 있다. 그러나 절망이 기회가 될 수 있다는 점에서 절망이 좋은 것이라고 말한다면 그것은 절망을 추상적으로만 보았기 때문이다. 실제로 절망에 빠진 사람에게는 더할 수 없이 힘든 고통이기 때문이다.

하지만 인간은 절망할 수 있다는 점에서 동물보다 뛰어나다고 할 수 있다. 절망할 수 있는 것은 인간이 종합적 존재이기 때문이다. 인간은 육체와 더불어 영혼을 가지고 있고, 또 인간은 시간 속에서 살면서도 영원에 대한 동경을 갖고 살아가고 있다. 유한한 인간이 무한과 더불어 살아가고 있다는 점에서 인간은 종합적이지만, 바로 이러한 이유 때문에 인간은 절망할 수가 있다.

승이는 동생과 함께 방을 쓰지만, 승이의 친구 슬기는 공주님 방처럼 꾸민 방을 혼자 사용한다. 이런 차이에서 승이는 절망을 느낀다. 게다가 아버지의 실직으로 더욱더 큰 절망을 느끼게 된다. 우리에게 절망을 느끼게 하는 일이 무엇인가는 곧 우리가 어떤 사람인가를 보여 준다. 승이의 모습은 오늘날의 많은 아이들에게 무엇이 중요한 것인지를 잘 보여 준다. 아이들뿐만 아니라 현대의 수많은 사람들도 물질적 조건에 연연하며 살아간다. 이러한 현실은 사람들로 하여금 참된 실존이 되지 못하도록 만드는 것이다.

절망 속에서 만난 키르케고르

1. 슬픈 자화상
2. 마음이 밝아져
3. 선생님도 그랬어
4. 그래도 내 동생
5. 아빠, 기운 내세요

 인생은 뒤를 향해야만 이해될 수 있다. 그러나 그것은 앞을 향해서 살아
져야 한다.

— 키르케고르

1  슬픈 자화상

"승이야, 너 미술반 한다고 부모님께 말씀 드렸어? 엄마가 뭐라고 말씀하셔? 해도 좋대? 응?"

슬기가 따라오면서 계속 종알거렸다. 그렇지만 내 귀에는 아무 소리도 들리지 않았다.

"야, 이승이! 말을 하면 대답을 해야 할 거 아냐! 너 오늘 도대체 왜 그래?"

참다못한 슬기가 내 귀에 대고 소리쳤다. 그제야 슬기의 말이 들린 내가 힘없이 고개를 저었다. "아무래도 안 될 것 같아. 집에 사정이 생겨서……."

"무슨 사정? 왜? 엄마가 하지 말래?"

슬기가 궁금한지 계속 물었지만 더 이상 대답하고 싶지 않았다. 내 마음에는 미술반을 하지 못하게 되었다는 사실보다 어젯밤 엄마와 아빠가 했던 말이 더 깊게 남아 있었던 것이다.

"너 나랑 제일 친한 친구 아니야? 나한테 말해 봐. 응? 너 얼굴색도 안 좋아 보여. 있다가 미술반에 가는 시간에 너도 꼭 같이 가자. 가서 못하겠다는 말씀은 드려야 할 거 아냐."

슬기의 속이 들여다보였다. 그렇게 미술반에 꼬드겨 같이 간 다음에 계속 하게 만들려고 그러는 거. 그렇지만 아무것도 하고 싶은 생각이 들지 않았다.

"수업 끝나고 교실 앞으로 갈게. 기다려! 응?"

내 대답은 듣지도 않고 슬기는 자기 반 교실로 들어가 버렸다.

그날 수업이 어떻게 끝났는지도 모르겠다. 나는 얼이 빠진 사람처럼 머릿속의 생각이 정지되어 버렸다. 슬기가 와서 나를 끌고 미술반 교실로 올라갔는데도 아무 생각 없이 따라갔다.

"자, 여기까지 왔으니까 들어가자."

그래, 오긴 왔으니 오늘 수업만 듣고 선생님께 말씀 드려야지. 하고 싶지만 할 수 없게 되었다고.

"반가운 친구들, 안녕? 너희들이 보고 싶어서 눈썹을 휘날리며 달려온 뭉크 정민이다."

"안녕하셨어요?"

아이들은 연예인을 향해 소리라도 지르는 것처럼 큰 소리로 인사했다. 아예 풍선도 흔들지 그래? 심기가 편치 않은 나는 아이들에게 삐딱한 시선을 두며 속으로 빈정댔다.

"너희들 벌써 선생님의 매력에 빠져 버렸구나? 그렇지만 너무 좋아하면 안 된단다. 선생님은 애인이 있단 말이다. 하하."

그러면서 선생님은 손가락을 들어 반지를 보여 줬다. 아이들은 거의 울듯한 표정이 되었다.

"그렇지만 나는 너희들을 사랑한다. 제자로서 말이야. 알지?"

선생님이 한쪽 눈을 찡긋하며 장난스럽게 말하자 아이들은 곧 깔깔거리며 즐거워했다. 하여간 단순한 여자애들 같으니.

"오늘은 자화상 그리기를 해 볼까 한다. 지난 시간에 자기 사진을 가져오라고 한다는 것이 깜빡 잊었구나. 원래는 사진을 놓고 보면서, 그 비례대로 자화상을 그려야 하지만, 오늘은 자기 생각

속의 자신을 그리는 것으로 대신할까 한다."

선생님의 갑작스런 제안에 아이들이 당황해했다. 여자애들은 원래 매일 거울을 보긴 하지만 자기 얼굴이 얼마만큼 예쁜가를 보려는 것이지 내 얼굴이 어떻게 생겼는지를 진지하게 관찰해 보는 건 아니었기 때문이다.

"거울도 없으니까 너희들 머릿속에, 너희 자신을 스스로 생각하는 모습 그대로 그려 봐라. 아마 내 모습을 다르게 보게 될 거야."

아이들은 선생님의 주문대로 스케치북을 펴고 스케치를 하기 시작했다. 막상 그리기 시작하자 조용한 가운데 분위기가 심각해졌다. 한 번도 드러내 본 적 없는 자기 자신을 그리느라 소곤대는 말소리도 들리지 않았다.

나는 하얀 종이를 앞에 두고 골똘히 생각해 봤다. 내 얼굴은 엄마 아빠의 못난 부분만 닮아서 못생겼다. 이런 내 얼굴이 싫다. 아마 그래서 엄마 아빠도 나를 데려가지 않으려 하나 보다…… 갑자기 그런 생각이 들자 눈물이 쏟아질 것 같았다. 나는 목구멍으로 침을 꿀꺽 삼키며 눈물도 같이 삼켰다. 슬기도 있고 선생님도 있는 자리에서 울 수는 없었다.

그런 걸 잊어버리려는 생각에 더 열심히 내 얼굴을 그렸다. 짙은 눈썹, 작은 눈, 도톰한 입술…… 그럴듯하게 더 꾸미지도 않고, 있는 그대로의 내 모습을 그렸다. 열심히 연필로 칠을 하며 그리다 보니 시간이 다 되었다. 선생님이 어느새 내 옆에 서 계셨다.

"선생님은 승이의 그림이 가장 진솔하게 와 닿는구나. 자기 자신을 진실하게 드러내는 모습이 보이는걸. 자, 어쨌거나 너희들 모두 수고했다. 다음 시간에는 수채 용구를 준비해 오도록. 알았지?"

나를 칭찬하는 것으로 들렸는지 슬기가 살짝 삐친 듯한 얼굴을 했다. 나머지 아이들이 자기 물건을 다 챙겨서 나가는데 슬기도 따라서 나가 버렸다. 선생님께 더 이상 수업을 들을 수 없다고 말씀 드리고 가려고 했는데, 기다려 주지도 않고…….

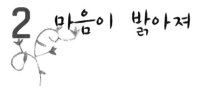

2 마음이 밝아져

나는 내 스케치북의 표지를 덮으며 주춤주춤 선생님께로 갔다.

"저⋯⋯ 선생님, 집에 사정이 생겨서 미술 공부를 못할 것 같아요."

선생님이 내 얼굴을 보고 눈을 동그랗게 뜨셨다.

"아니, 왜? 한번 봤지만 승이의 그림이 참 좋아 보이는데. 나는 계속 같이 공부하고 싶은데, 무슨 사정이기에?"

나는 더 뭐라 대답할 수가 없어서 지우개 끝만 자꾸 손톱으로 뜯었다.

"괜찮다면 승이의 사정을 선생님이 들어도 될까?"

선생님이 내게 의자를 권하며 그 앞에 마주 앉으셨다. 나를 바라보는 선생님의 다정한 눈빛에서 나도 모르게 술술 말이 나와 버리고 말았다. 사실은 진작부터 누군가에게 털어놓고 싶었던 그 말들을 말이다.

"사실은…… 저희 엄마 아빠가 이혼할지도 몰라요. 가정 형편이 어려워져서…… 그런데 저는 어쩌면 고아가 될 거예요…… 흐흐흑…… 절망스럽다는 게 이런 건가 봐요. 흑흑."

그냥 사정 얘기만 할 거였는데 나도 모르게 눈물이 막 솟았다. 참으려고 했지만 나만 버려지게 될지도 모른다는 생각이 지워지지 않아 울음소리는 더 커졌다.

나의 갑작스런 말과 울음에 당황한 선생님이 주머니에서 손수건을 꺼내어 주면서 등을 토닥거렸다. 그렇게 좀 울고 나니 마음이 진정되어 갔다. 울음이 어느 땐 약이 되는 것 같다. 후련하기도 하고, 가슴에 꽉 차 있던 것이 내려간 것 같기도 하고…….

"이제 다 울었니? 그래, 울고 나니 좀 낫지?"

선생님의 수건에 콧물까지 다 묻혀 놓은 게 쑥스러워진 내가 살짝 웃으면서 고개를 끄덕였다.

"어어, 울다가 웃으면 애애애……."

선생님이 장난처럼 놀리는 노래를 했다. 그 모습이 우스워진 나는 더 큰 소리로 웃고 말았다.

"진짜 거기에 털 나면 선생님 탓이에요!"

아까와는 달리 마음이 훨씬 가벼워진 나는 농담이 나올 정도로 기분이 풀렸다.

"그래. 내 탓이다. 하하. 그런데 아까 그건 무슨 얘기니? 부모님이 이혼하게 된다니?"

내 기분이 나아진 것을 보고 선생님이 조심스레 물었다. 진심으로 생각해서 묻는 그 모습에 나는 어제의 일을 모두 얘기했다. 우리 집의 가짜 밥 같은 내 처지까지도 말이다.

"그렇구나…… 그래서 절망스럽다고 얘기했구나? 네 마음이 이해된다. 선생님도 셋째 중에 둘째 아들이거든. 누나와 남동생이 있어서 승이 네가 느낀 섭섭함이 어떤 건지 좀 알겠다. 원래 둘째들이 다 그런 경험을 하거든. 그렇지만 네 부모님이 말씀하신 것을 아무래도 네가 오해한 것 같다. 정말로 너를 아무도 책임지지 않겠다는 건 아니실 거야."

선생님도 나와 같은 둘째라는 말에 왠지 친근감이 들었다. 선생님이 훨씬 나이도 많고, 또 남자지만 친구인 슬기보다, 우리 식구들보다 말이 더 잘 통할 것 같았다.

"그렇다고 해도 엄마 아빠가 제게 무관심한 건 사실이에요. 제가 상장을 받아 와도 그렇게 기뻐하지 않으시고 제가 뭘 원하는지, 학교생활은 잘하는지도 신경 쓰지 않는걸요. 엄마는 지금의 제 기분도 전혀 짐작하지 못하실 거예요."

내가 볼멘소리로 대답하자 선생님은 갑자기 질문을 하나 하셨다.

"승이 너, 진짜 절망이 무언지 아니? 모든 희망이 끊어진 상태, 그런 절망이 진짜로 어떤 건지 알아?"

생각해 보니 진짜 절망이 무엇인지 잘 대답할 수가 없었다. 이런 내 기분을 표현하자면 절망이란 말이 맞을 것 같은데, 사실 이런 걸로 절망이라고 말할 수 있을까 좀 의심스럽기도 했다.

"선생님은 학교 다닐 때 진짜 절망에 부딪힌 적이 있단다. 아직 어린 네가 느끼는 것보다 어른이 되었을 때 닥쳐지는 문제들은 훨씬 더 크고 어려운 것들이란다. 어른이 된 나에게 그때 닥쳤던 문제는 절망이라는 말 이외는 어떤 것으로도 표현할 수가 없었지."

선생님의 진지한 목소리에 나는 뭐라 할 말을 찾을 수 없어 가만히 바라보기만 했다.

"너에게 그런 일에 대해 다 설명할 수는 없지만, 어쨌든 그 시절의 선생님은 죽음이라는 것까지 생각해 보았단다."

첫날 우리들에게 죽음을 말하던 선생님의 그 표정이 지금 언뜻 스치는 것 같았다. 생각만으로도 으스스한 기분이 드는 죽음……갑자기 한숨이 흘러나왔다.

"그렇게 한숨까지 쉴 건 없다, 하하. 지금은 전혀 그렇지 않거든. 봐라, 이렇게 밝은 선생님의 얼굴을. 이런 얼굴이 되기에 큰 도움을 얻은 책이 있는데, 키르케고르가 쓴《죽음에 이르는 병》이라는 것이란다."

"예? 죽음에 이르는 병이라고요? 뭐 암이나 백혈병, 그런 건가요?"

"하하, 그런 병이 무섭긴 하지만 그것이 답은 아니란다. 키르케고르가 말한 병이란 정신적인 병을 말하는 거야. 승이 너는 사람이 육체만 있다고 생각하니?"

"글쎄요, 지금처럼 마음이 아플 때도 있는 것 보면 정신도 있는 것 같아요."

내가 잘 모르겠다는 얼굴로 대답하자 선생님이 차근히 대답했다.

"키르케고르가 말하길, 인간은 단순한 육체적 존재가 아니라 정신적 존재라고 했단다. 승이 너도 잘 알듯이 우리의 몸은 언젠가는 죽음을 맞이하지. 그런데 정신은 육체와는 다른 특성을 가지고 있어서 육체의 죽음과 상관없이 영원히 존재해. 그러니까 육체는 유한하고 정신은 무한한 것이지. 정신은 무한하고 시간의 영향을 받지 않지만, 육체는 변화되고 필연성의 지배 아래 있다고 했단다."

"필연성의 지배 아래요? 그게 무슨 뜻인가요?"

이해하기 어려워 나는 다시 물었다.

"승이도 배고프면 밥을 먹지? 졸리면 잠을 자고. 피곤하면 쉬어야 하고, 급할 땐 화장실도 가야 하고. 그런 것이 필연성의 지배 아래 있다는 의미란다. 몸이 원하면 반드시 따라야 한다는 것이지. 그렇지만 영혼은 그렇지 않단다."

선생님의 말을 들으니 금방 이해가 되었다.

"절망은 우리를 죽음에 이르게 한다. 그렇지만 절망에 빠진 자는 죽더라도 눈을 감지 못한단다. 죽더라도 죽지 못하는 것이다. 그러므로 죽음이 그를 지배하지 못하게 되고, 따라서 그는 죽음의 죽음을 경험하게 되는 거야. 그런 의미에서 절망은 우리를 죽음으로 이끄는 병이다. 어때, 좀 어렵게 들리니? 이것이 키르케고르가 말한 죽음에 이르는 병이야. 절망, 승이 네가 경험한 것이 이런 건 아니지?"

듣고 보니 역시 그런 절망은 아니었다. 내가 느낀 것은 죽음의 죽음 같은, 그런 거창한 건 아니었으니까 말이다.

선생님의 말씀을 듣다 보니 나의 절망은 금세 쥐구멍만 하게 쪼그라드는 것 같았다.

3 선생님도 그랬어

"그런데 선생님은 어떻게 절망을 이겨 내셨다는 거예요?"

처음의 얘기가 생각난 내가 물었다.

"아차, 그 얘기를 하려던 것이었지. 그때 나는 말이다 해결책이라고는 보이지 않고, 정신적으로 너무 힘들었기 때문에 죽음이라는 것도 떠올려 보았지. 살기 싫다는 생각이 들었거든. 나 혼자만 죽으면 모든 게 끝날 것 같았어."

아무래도 내가 위로를 받을 게 아니라 선생님을 위로해 드려야만 할 분위기였다. 그때가 생각나는지 선생님의 얼굴이 어둡게 가라앉았기 때문이었다.

"이런, 내가 너무 심각하게 얘기했나? 걱정 마라, 다 지난 얘기니까. 어쨌든 그런 생각을 떠올리다가 키르케고르의 책을 읽고 나서는 스스로 목숨을 끊는 것이 해결책이 아니라는 걸 깨달았단다."

"그냥 자기 혼자 죽으면 다 끝나는 거 아니에요?"

"그렇게 생각하기 쉽겠지. 그렇지만 키르케고르는 그렇지 않은 이유에 대해 이렇게 설명했단다. 인간은 완전히 분리되어 있는 존재가 아니라 서로 연결되어 있는 존재라는 것, 다시 말하면 인간은 관계적 존재기 때문에 그렇다고 말이다."

"관계적 존재라구요?"

단어가 낯설어 내가 되물었다.

"그래. 우리는 관계적 존재야. 우리들의 몸은 다 분리되어 있고, 서로 각각 별개의 존재인 것 같아도, 우리 인간은 정신을 가진 존재란다. 정신을 가지고 생각을 하면서 우리는 자기 자신과 관계를 맺고 또 남과도 관계를 맺지. 아까 말한 것처럼 인간은 육체와 정신으로 이루어져 있기 때문에 정신의 관계 맺기는 인간의 특성이 되는 거란다."

"그런 게 자살과 무슨 관계가 있다는 거예요?"

선생님의 말이 좀 어렵게 들리긴 했지만 의외로 흥미가 생긴 나는 다음 말이 궁금해 이야기를 재촉했다.

"인간이 자살을 생각하는 것은 절망하기 때문이지. 절망은 관계가 어긋날 때 발생하는 거란다. 관계 맺는 것이 인간이라고 생각하지 않는다면 자살로 모든 것이 끝난다고 믿겠지만, 인간은 관계를 맺는 존재이기 때문에, 자살하는 것은 인간관계를 강제로 잘라 버리는 것을 의미하게 되는 거야. 그래서 자살은 그와 관계를 맺고 있는 모든 사람들에 대한 폭력이 되는 것이지."

"자살이 폭력이라구요?"

죽는 사람은 자기 자신인데 다른 사람에게 폭력이 되는 것이라는 말을 들으니 생각이 복잡해졌다.

"그래. 자살하는 사람은 자기만 죽고 나면 끝이라고 생각하지만, 그를 아는 모든 사람은 그의 죽음으로 인해 엄청난 충격을 받게 되지. 관계를 강제로 끊어 버리는 행위가 자살이기 때문에 그 충격은 아주 강할 수밖에 없고 말이야."

생각해 보니 그런 것 같다. 만약 우리 가족 중의 누가 사고를 당하거나 해도 나의 충격은 엄청나게 클 것이다. 엄마가 죽는 상상

만 해도 눈물이 막 나니까 말이다. 내 형제, 내 친구, 내가 아는 모두가 자살을 한다면…… 상상만으로도 울컥해진다. 반대로 내가 자살을 한다면? 언니나 동생, 엄마 아빠는 충격을 받을까? 내가 없어져도? 잘 모르겠다. 모두가 내 죽음을 슬퍼할 것 같기도 하고, 아닐 것 같기도 하고…….

"그러면 자살은 나쁜 거네요?"

그렇게 묻자 선생님은 고개를 크게 끄덕이며 대

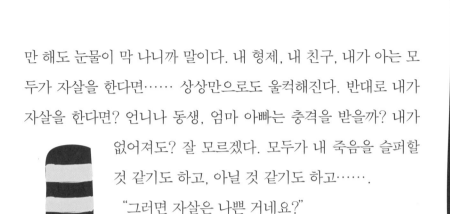

답했다.

"그래. 자살은 다른 사람에 대한 폭력이고, 따라서 나쁜 행위란다. 그런데 자살이 나쁜 행위인 것에는 또 다른 이유가 있단다."

"무슨 이유인데요?"

"인간은 죽어서 그냥 없어지는 존재가 아니고 정신은 영원한 존재로 남아 있다고 했지? 정신은 곧 무한하고 영원한 존재인 하느님과 관계를 맺는단다. 그런데 자살이란 하느님과 자기의 관계를 전적으로 무시하는 것이므로, 결국 자살은 자기의 정신에 대한 가장 결정적인 죄가 되고, 또 더욱 중요한 것은 하느님에 대한 반역이 된다는 것이지."

나는 선생님의 말에 동조할 수 없었다. 교회에 다니지 않는 나로서는 하느님 얘기를 받아들일 수 없었기 때문이었다.

"선생님, 그렇지만 그건 교회에 나가는 사람들에게만 해당되는 이야기가 아닌가요?"

"교회에 나가는 사람들에게만 해당된다고? 하느님 이야기를 하니까? 글쎄, 정말 그럴까? 그렇지만 이렇게 생각해 볼 수도 있을 것 같아. 승이 너는 우리는 정신을 가진 존재라는 것은 인정하니?"

"그렇죠."

"정신을 갖고 있기 때문에 관계적 존재이잖아?"

"네"

"정신이나, 또는 정신이 맺는 관계와 같은 것은 보이지 않는 것이지?"

"네."

"그 정신이 무한한지 어떤지, 그리고 정신이 관계를 맺는 어떤 무한한 존재가 있는지 없는지 우리는 확인할 수 없겠지?"

"그렇죠."

"우리가 확인할 수 없는 것에 대해 있다고 믿는 것도 잘못이지만, 없다고 단정을 짓는 것도 잘못이라고 할 수 있지 않을까?"

"그럴 것 같아요."

"공기를 비유로 들어 보면, 공기는 눈에 보이지 않지만 공기가 없으면 우리는 죽는다는 것을 잘 알고 있잖아? 이와 마찬가지로 정신이나 하느님의 존재를 볼 수는 없지만, 그래도 우리는 그런 존재를 생각하지 않으면 설명할 수 없는 일들이 너무 많기 때문에 그런 것이 있다고 생각할 수밖에 없다는 거지."

"그런가요?"

여기까지 말을 마친 내가 고개를 갸웃했다. 아무래도 선생님의 술수에 넘어간 것 같았다. 차근차근 하나씩 묻는 것마다 다 맞는 말이기에 대답하다 보니 하느님이 있다고 인정하는 게 되었으니 말이다.

"지금까지의 내 말은 키르케고르의 책에 나오는 것인데, 하느님의 존재를 무조건 믿으라고 하는 말이 아니라 논리적으로 우리에게 설명을 해 주고 있단다. 나는 이런 얘기가 교회에 나가건 나가지 않건 상관없이 모두에게 옳은 이야기라고 생각한다. 꼭 교회에 나가는 사람들에게만 해당되는 얘기는 아닌 것 같아. 더구나 선생님처럼 하느님을 믿지 않던 사람도 키르케고르의 책을 통해 자살이 해결책이 아니란 걸 깨닫게 되었으니 말이야."

선생님과의 긴 얘기에 시간 가는 줄을 몰랐다. 갑자기 퍼뜩 생각이 나면서 얼른 시계를 보았다. 5시가 다 되어 가고 있었다. 앗! 큰일이다. 엄마가 집에 아무도 없을 테니 승은이 올 시간보다 일찍 와서 꼭 문 열어 주라고 당부했는데 말이야. 열쇠는 나한테만 있으니 승은이가 먼저 왔다면 들어가지도 못하고 있을 거였다.

"선생님, 저 그만 일어설게요. 집에 얼른 가 봐야 돼서요. 선생님 말씀 감사했습니다. 그럼 안녕히 계세요."

급하게 인사하며 교실을 뛰어 나가는 등 뒤에서 선생님이 외쳤다.

"손수건 깨끗이 빨아 와야 한다! 승이 너, 손수건 돌려주러 꼭 다음 시간에 와야 해!"

미술 수업에 빠지지 말라는 뜻을 그렇게 말씀하시는 것 같았다. 그래도 오늘 선생님께 다 털어놓고, 좋은 얘기도 듣고 나니 마음이 한결 개운해졌다. 꼭 목욕탕에서 나오는 기분처럼.

4 그래도 내 동생

집에 가까워지자 마음이 급해졌다. 시간대로 일찍 왔다면 승은이는 벌써 도착해 있을 텐데, 문이 잠긴 집 앞에서 어떻게 하고 있을까…… 시계 좀 보면서 얘기할걸.

나는 헐레벌떡 계단을 뛰어올라 집으로 갔다. 현관문 앞에 승은이가 쪼그리고 앉아 피아노 연습을 하는지 손가락을 움직이고 있었다.

"승은아!"

"언니!"

승은이가 날 보고 얼른 뛰어와 안긴다.

"많이 기다렸지? 언니가 선생님이랑 상담하느라 좀 늦었어."

다른 얘기는 할 수 없어 상담이란 말로 둘러댔다. 사실 상담이기도 했고. 평소 얄밉기도 하고, 혼자 피아노 레슨을 받는 게 샘이 났던 승은이지만 문 앞에 쪼그리고 앉아 있는 모습을 보니 안쓰러운 마음이 들었다. 이 시간이면 피아노 레슨을 받고 있을 땐데, 당분간 쉬게 되었기 때문에 혼자 집에 와 있는 것이 안타까웠다. 아까 땅바닥에 대고 손가락을 움직이며 연습하는 모습을 보니 더 마음이 아팠던 것이다. 나는 미술 수업을 안 받아도 되지만 승은이는 꼭 피아노를 계속 했으면 좋겠다는 생각이 들었다.

"승은아, 배고파? 언니가 고구마 맛탕 만들어 줄까?"

"응!"

승은이가 활짝 웃으며 잔뜩 기대한 얼굴로 대답했다. 학교에서 요리 실습시간에 한번 배워 본 건데 될지 모르겠다. 그렇지만 아무도 없는 집에서 승은이보다 큰 사람은 나뿐이란 생각이 드니 해 주고 싶은 마음이 발동했다. 냉장고를 열어 뒤져 보니 마침 고구마가 보였다. 나는 엄마처럼 앞치마를 두르고 먼저 고구마를 찌기

시작했다.

　그렇게 우리 둘이 저녁까지 놀고 있자니 식구들이 들어왔다. 아빠의 실직 때문인지 집안 분위기는 오늘도 무거웠다. 승은이랑 둘이만 있을 때는 장난치며 놀았는데, 엄마와 아빠 모두 있으니까 마음대로 장난도 못 치겠다.

　다들 서로의 눈치를 살피며 조심조심 조용한 저녁을 보내고, 밤이 되었다. 낮에 피곤했는지 승은이도 일찍 자고, 나만의 시간이 되어 나는 내 일기장 길버트를 꺼내어 한 줄 한 줄 적기 시작했다.

나의 친구 길버트,

우리 집에는 그 동안 큰 일이 있었어요. 아빠가 실직을 한 것이죠. 그것 때문에 모두들 울적한 기분이에요. 언니만 그런 것에 아랑곳 없이 만화책을 읽고 있답니다.

저는 어제 너무 충격적인 말도 들었어요. 엄마와 아빠가 싸우다가 이혼 얘기가 오가면서 언니와 승은이를 데려가겠다고 하면서 저는 쏙 빼는 거 있죠. 그 말에 저는 절망스러운 기분을 느꼈답니다. 아직 사춘기도 안 된 어린아이가 절망이란 말을 입에 올리게 되다니요. 그런 생각을 해야 하는 것도 절망스럽습니다.

그런데 오늘 학교에서 미술 선생님에게 절망의 진짜 뜻에 관해 들었답니다. 사람은 영혼과 육체가 있고, 영원히 죽지 않는 영혼이 있기 때문에 절망하는 것이야말로 진짜 죽음이라는 것을요. 자살도 나쁜 것이래요. 사람은 관계를 맺으며 사는 것인데 자살하면 관계 있는 상대방을 슬프게 하는 것이니까요.

저는 자살 같은 것은 한 번도 생각해 본 적이 없지만 자살이 하느님에게 죄를 짓는 것이란 말에는 동의해요. 내 목숨을 있게 한 무언가가 있을 텐데—신과 같은 어떤 것이요. 그것을 하느님이라고 말할 수도 있겠지요—내가 자살하면 내 목숨을 준 신을 배반하는 것이잖아요.

미술 선생님이 말하던 키르케고르라는 철학자의 얘기가 더 궁금했는데 승은이가 올 시간이 지나서 다 못 듣고 왔어요. 절망이 진짜 죽음에 이르는 병이라고 했으니까 절망을 이기는 방법도 그는 알겠지요?

저는 솔직히 말하면 진짜 절망이 무엇인지도 잘 모르겠어요. 그렇지만 가끔 힘이 빠지고 왜 이렇게 살아야 하나, 그런 생각을 하긴 해요. 왜 꼭 공부를 해야 하는지, 왜 꼭 학교를 다녀야 하는지, 그런 생각도 들고요. 이런 것들을 왜 하나 하는 생각을 하다 보면 더 하기 싫어지지요. 이런 것도 저한테는 절망이라고 할 수 있는 것 아닐까요?

어쨌거나 멋진 미술 선생님에게 그림을 배우게 되어서 기뻐요(지금까지는 그림보다 철학을 더 많이 배웠지만). 슬기도 홀딱 반한 것 같아요. 저도 미술 선생님이 너무 멋져 보이지만 슬기 때문에 내색하진 않을 거예요. 그런 걸로 경쟁하긴 싫거든요. 그리고 나한테는 미술 선생님보다 더 멋진, 내 친구 길버트가 있으니까.

일기를 쓰고 나니 한결 마음이 정리되는 것 같았다. 어느 땐 사

람도 아니고, 살아 있는 것도 아니지만 이 일기장—내 친구 길버
트—이 가장 큰 위로가 된다. 여기에 다 적고 나면 속이 후련해지
는 것이, 친구한테 말하는 것보다 더 시원하니까 말이다.

아무에게도 비밀이 새지 않는 것도 좋다. 말하고 싶지만 말하기
싫은—이상한 표현이지만—일이 있을 때 일기만큼 좋은 친구는
없다니까.

나는 길버트를 책상 서랍 깊숙이 넣어 두고는 보이지 않도록 잘
덮어서 감추었다.

5 아빠, 기운 내세요

저녁이 되자 엄마는 종일 어디를 다녀오셨는지 피곤한 얼굴로 들어오셨다. 내 짐작에는 일할 곳이 없는지 알아보러 다니신 것 같다. 당장 피아노를 못 치게 되었다고 입 내밀고 다니는 승은이도 그렇고, 냉장고에 여러 개 붙어 있는 고지서들을 보면 심난해지시나 보다. 지난 밤 사이 폭풍우가 지나간 흔적은 나만 알고 있는 것이라 모두들 평상시 같았다. 아빠는 어딜 가셨는지 아직 들어오지 않았고, 엄마와 언니, 동생과 나, 이렇게 넷이서만 둘러앉아 저녁을 먹었다. 저녁 먹는 내내 아무도 입을 열지 않았다.

"내일부터 엄마 일하러 나가게 되었으니 학교에서 돌아오면 너희들끼리 알아서 챙겨 먹고 있어라. 저녁에 9시나 되어 일이 끝나니까 저녁밥은 준비해 둔 것을 냉장고에서 꺼내 먹고. 승은이랑 승이는 둘 다 일찍 오지? 집에서 텔레비전만 너무 보지 말고 숙제할 것 해 놓고, 준비물도 다 챙겨 놔. 알았지? 이만큼 컸으니까 믿는다."

엄마는 우리를 보며 엄하게 말했다.

"엄마, 어디서 일하는데? 나 구경 가도 돼?"

이런 상황에서도 철모르는 승은이는 뭔지도 모르고 묻는다.

"저기 큰길에 있는 마트에서 일하는 거야. 엄마가 일하는 데 방해되니까 오지 말고 집에 얌전히 있어. 응?"

"엄마 이제 직장인이야? 야, 그럼 나 피아노 계속 할 수 있는 거야?"

"이제 시작한 일이라 월급 받으려면 좀 기다려야지. 다음 달이 지나면 아마 될 것 같다."

엄마는 기쁜 기색이나 속상한 기색도 없이 무덤덤하게 말했다.

"나 내일 학원비 내야 하는데."

언니가 가만히 있다가 한마디 했다. 언니가 입을 여는 경우는 딱 세 가지 경우뿐이다. 돈 달라는 얘기와 물건 찾을 때, 그리고 배고플 때. 지금까지 말없던 언니의 한마디는 역시나 돈 얘기였다.

"저기 화장대 위에 봉투 올려놨다. 가방에 잘 넣어 가. 참, 승이 너 미술반 하고 싶다고 했지? 하고 싶으면 해. 엄마가 필요한 미술 도구 사왔으니까. 교육비도 넣어 놨다."

엄마는 여전히 표정 없는 얼굴로 말했다. 미술반을 해도 좋다고 엄마가 무뚝뚝하게 얘기했는데도 너무 따뜻하게 느껴졌다. 엄마는 말은 안 했지만 내 마음을 모르지는 않았던 것이다. 우리는 아무도 더 이상 말하지 않았지만 엄마의 진실만은 느낄 수 있었다. 힘든 상황이지만 우리들 교육만은 최선을 다해 시켜 주고 싶어 하는 마음을 말이다. 나만 빼놓고 생각하는 게 아니었던 것이다.

조용한 식사 시간이 끝나고 언니는 숟가락을 놓자마자 방으로 들어갔다. '관계자 이외 출입금지'인 방으로 가겠지? 아 참, 아까 선생님이 사람은 관계를 맺는 존재라고 했는데, 언니는 그럼 누구와 관계를 맺는 것일까? 방에 관계자는 자기뿐이라고 했으니까…… 그럼 언니는 방이랑 관계를 맺는 건가? 그런 생각에 실실 웃음이 났다. 그래, 자기 방하고만 관계자 해라, 메롱! 나는 언니

관계자 이외 출입금지

방에 들어오지 말라는 거절을 받았던 생각이 나서 방문에 대고 혀를 내밀었다.

나는 책상 앞에 앉아서 책을 뒤적거리다가 문득 낮의 이야기들이 생각났다. 절망은 죽음에 이르게 하는 병이라고 했지…… 절망…… 그런 걸 생각하는 사람들이 많을까?

갑자기 궁금한 생각이 들어 나는 인터넷을 켜고 검색창에 '절망'이라고 입력해 보았다.

이런저런 말들 사이에 순간 내 눈에 '절망 모임'이라는 글자가 확 들어왔다. 절망 모임? 이건 뭐지? 나는 호기심이 발동하여 절망 모임이라는 사이트를 열어 보았다.

오호, 그 모임에는 절망을 느끼고 있는 사람들이 자기의 심정을 죽 적어 놓은 글들이 있었다. 다른 사람에게 말하지 못한 고민들, 절망스러운 지금의 생각을 닉네임으로 써 놓았던 것이다.

하나하나 읽어 보니 내가 속상해 하던 것은 절망 축에도 못 끼는 것이란 생각이 들었다. 심각하게 학교에서 왕따를 당하는 아이의 얘기도 있었고, 새엄마와의 갈등 때문에 힘들어하는 아이도 있었고, 부모님이 이혼해서 어떻게 해야 할지 모르겠다고 말하는 사람도 있었다. 나보다 더 괴로운 사람들이 많구나, 읽으면서 정말 안타깝고 가슴이 아팠다. 그러다가 눈에 번쩍 띄는 글이 하나 있었다.

아빠가 사업을 하다가 부도가 나서 피해 다니시는데 나머지 가족들은 생계 때문에 앞으로 어찌해야 할지 막막하고, 아빠도 언제까지 못 만나고 사는 건지 너무 절망스럽다는 내용이었다. 순간 아빠 생각이 났다. 지금 밖이 컴컴해지도록 집에 돌아오시지 않는데, 아빠가 잘못된 건 아닐까? 부도가 난 건 아니지만 지금 아빠의 심정도 얼마나 답답하실까? 너무 우리들 생각만 한 건 아닌지, 갑자기 아빠가 걱정되어 앉아 있을 수가 없었다.

나는 자리에서 일어나 현관 밖으로 나가 보았다. 사람들은 왜 이렇게 근심들을 하면서 살아야 하는 걸까. 쉽게 사는 방법은 없을까? 왜 절망하면서 사는 사람은 이렇게나 많을까? 복도를 서성이는 내 머릿속에 이런저런 생각이 무겁게 차올랐다.

얼마나 왔다 갔다 했을까. 저쪽에서 발자국 소리가 들렸다.

"아빠?"

"응, 그래 승이구나. 왜 자지 않고 나와 있니?"

아빠의 옷에서 술 냄새가 살짝 풍겼다.

"왜 이렇게 늦으셨어요? 걱정했잖아요."

"허허, 이 집에서 아빠 걱정하는 사람은 승이뿐이구나. 그래, 제일 속이 차고, 제일 듬직하고, 제일 어른스러운 우리 승이…… 아빠가 한잔했다."

"밤에 술 드시고 오다가 다치기라도 하면 어쩌시려고요? 참, 엄마가 내일부터 일하게 되었대요. 이제 엄마도 일하니까 아빠 일자리는 천천히 찾아봐도 될 거예요. 너무 걱정하지 마세요."

진심으로 아빠가 염려스러워 무슨 말이라도 위로를 해 드리고 싶었다. 그런데 내 말에 아빠의 표정이 더 어두워지는 것 같았다.

"그래…… 아빠가 참 무능한 사람이구나. 너희들 하고 싶은 것 다 해 주고 싶은데, 그러질 못해서 미안하구나. 엄마도 일을 하게 만들다니, 아빠가 모자란 탓이야⋯⋯."

엄마가 일하게 되었으니 시름을 좀 놓으라는 의미였는데 아빠는 도리어 자신의 책임을 탓했다. 그런 아빠의 어깨가 어느 때보다 작게 느껴졌다.

"그만 들어가세요. 아빠, 저녁은요? 출출하시면 고구마 맛탕 드세요. 제가 아까 한 건데 진짜 맛있어요."

"우리 승이가 벌써 요리를 다해? 언제 이렇게 컸을까⋯⋯ 아빠가 해 준 것도 없는데 잘 커 줘서 고맙구나."

아빠가 시큼한 술 냄새를 풍기며 내 얼굴을 보고 힘없이 웃었다. 문을 열고 들어가는 아빠의 뒷모습이 유난히 슬프게 보여 눈물이 날 것만 같았다.

인간을 실존으로 인도하는 길, 생각

    키르케고르의 책 제목이 《죽음에 이르는 병》이라고 된 것은 성서에 나오는 나사로의 이야기와 관련이 있다고 이 책의 머리말에서 설명했었다. 나사로가 죽을병에 걸리지 않았다고 예수는 말했지만, 나사로는 죽었다. 그렇다면 죽어도 죽지 않는 병이 있고, 또 죽음에 이르는 병도 있다는 말이 된다. 우리는 죽음을 육체적인 죽음만으로 생각하지만 키르케고르는 육체적 죽음과는 다른 죽음이 있다는 것을 우리에게 말해 준다.

    육체적 죽음 이후에 영원한 생명이 우리 앞에 놓이게 된다면, 죽음은 '정말로 죽음인 죽음' 과 '죽음이 아닌 죽음' 으로 나눌 수 있다. 영원이 있다는 것은 육체적인 죽음으로 끝나지 않는 다른 세계가 있다는 것을 의미한다. 그래서 영원이 있다는 것은 진정으로 무서워해야 할 것이 무엇인가를 우리에게 가르쳐 준다. 육체적 죽음은 우리에게 최후의 선택이 될 수 없으며, 영원에 대한 믿음은 우리에게 진정한 용기가 무엇인지를 가르쳐 준다.

　미술 선생님과의 대화에서 승이는 자살이 진정한 선택이 될 수 없다는 것을 깨닫게 된다. 자살을 선택하면 모든 일은 다 해결된다는 믿음은 인간이 분리된 개인으로서만 존재하고 정신이 존재하지 않는다는 생각을 바탕으로 할 때에만 옳다. 하지만 '인간은 관계적 존재'이고 '인간은 정신이다.' 그래서 키르케고르는 "자살이란 자기가 정신이라는 사실을 잊은 것이고, 또 신과 자기와의 관계가 전적으로 결핍된 것이다. 따라서 자살은 정신에 대한 가장 결정적인 죄가 되며, 신에 대한 반역이다"라고 《죽음에 이르는 병》에서 분명히 말하고 있는 것이다.

　인간은 육체와 정신을 동시에 갖고 있지만 이상하게도 인간은 자신이 정신이라는 사실을 깨닫지 못하고 있다. 절망한 가운데 자기 자신이 되려고 하지 않는 모습을 키르케고르는 다음과 같은 농부의 예를 비유로 설명한다.

　어떤 농부가 맨발로 서울에 와서 돈을 많이 벌어 한 켤레의 양말과 구두를 샀다. 그리고 남은 돈으로 술을 잔뜩 마시고는 집으로 돌아가다가 큰 길 가운데 쓰러져 잠에 들고 말았다. 이때 마부가 마차를 몰고 가다 이 사람을 보고 소리쳤다. "당신이 비키지 않으면 이 마차가 당신의 다리 위로 지나가 버릴 것이오. 빨리 비키시오." 그러자 술에 취한 농부가 눈을 떠서 게슴츠레한 표정으로 자기 다리를 보니 맨발이 아니라 양말과 구두를 신고 있었다. 그래서 그만 그 다리를 알아보지 못하고 마부에게 이렇게 말했다. "어서 마차를 몰고 가시오. 저건 내 다리가 아니라오"라고 했다는 것이다.

　양말과 구두를 신은 발이 자기의 것임이 사실이듯, 인간이 정신을 갖고 있는 것도 사실이다. 하지만 술에 취한 의식이 자신의 다리를 알아보지 못하듯, 인간은 자신의 정신을 알아보지 못한다. 이것이 수많은 사람들의 참 모습인 것이다.

　승이는 길버트라는 이름의 일기장과 대화를 한다. 일기를 쓰는 것은 자신과 대화를 하는 것이므로 진정한 자기를 찾는 한 가지의 훌륭한 방법이 된다. 생각은 자기와 자기의 대화이다. 스스로 대화를 나누는 것이 진정한 자기를 찾는 길이다. 생각이 없으면 농부처럼 자기의 다리도 알아보지 못하게 된다. 생각만이 인간을 실존으로 인도하는 길이다.

실존에 이르는 길

1. 죽음에 이르는 병?
2. 절망을 피하는 법
3. 참된 자기 되기
4. 슬기는 못 말려
5. 절망에서 희망으로!

 청년은 희망의 그림자를 가지고, 노인은 회상의 그림자를 가진다.

― 키르케고르

1 죽음에 이르는 병?

　오늘은 미술반 가는 날. 선생님의 손수건도 깨끗이 빨아서 챙겼고, 엄마가 준비해 주신 수채 용구도 잘 챙겨 왔다. 몰래 듣는 수업이 아니라 정식으로 미술반 신청을 해서 듣는 것이라 그런지 표정도 당당해졌다.

　"자, 모두들 왔지? 오늘은 상상화를 그리려고 하는데, 앞으로 자신이 되고 싶은 것을 그려 보기로 하자. 자기가 어떻게 되어 있을까, 그런 상상을 하면서 말이다."

장래 희망을 생각해 본 적은 있지만 구체적으로 어떻게 하면서 살지는 상상해 본 적이 없는데…… 앞으로 내가 되고 싶은 것? 음…… 뭉크 정민 같은 미술 선생님? 생각해 보니 그런 것도 좋을 것 같았다. 나는 스케치북을 펴고 밑그림을 그리기 시작했다.

　"너, 그날 선생님하고 무슨 얘기를 그렇게 많이 했니? 밖에서 한참을 기다려도 안 나오더라."

　슬기가 옆에서 소곤소곤 물었다. 먼저 간 줄 알았더니 많이 기다렸나 보다. 기다리면서 얼마나 샘을 냈을까? 자기가 좋아하는 선생님하고 나만 얘기했다고. 생각만 해도 슬기의 식식대는 모습이 그려져 웃음이 났다.

　"별 거 아니야. 죽음에 이르는 병에 관해 대화했던 건데……."

　"죽음에 이르는 병? 왜? 누가 아파? 혹시 저 선생님이 죽을병에라도 걸린 거야?"

　슬기는 너무 지나쳐서 탈이다. 내 한마디에 벌써 하얀 얼굴의 뭉크 정민 선생님이 이불보를 쓰고 침대에 누워 있는 모습까지 상상한 게 틀림없다. 병든 아이, 병실에서의 죽음…… 선생님이 전에 말한 적 있는 뭉크의 제목까지 연상하면서 말이다.

　"야야, 그런 거 아니야. 죽음에 이르는 병은 철학자 키르케고르의 책을 말하는 거야. 절망이 곧 정신을 죽음에 이르게 한다, 그런 거 말이야."

내가 좀 아는 체를 하자 슬기의 눈이 휘둥그레졌다.

"네가 언제 그런 것까지 관심 있었니? 너 무식한 거 내가 다 아는데?"

"뭐라고? 나도 철학에 좀 일가견이 있거든!"

슬기의 말에 발끈한 내 목소리가 나도 모르게 커졌다.

"어허! 그림 그리는 시간에 무슨 잡담이야? 너희 둘, 수업 끝나고 남아. 그림을 그리는 태도에 대해 교양 공부 좀 시켜야겠어. 응?"

선생님의 말에 우리 둘은 찔끔해서 얼른 스케치북으로 눈을 돌렸다. 흘끗 옆을 보니 슬기는 선생님께 혼났다는 사실보다 수업 후에 남게 된다는 것에 더 즐거워하는 것 같았다.

상상화 그리기가 다 끝나고 아이들은 모두 돌아갔다. 선생님의 명령대로 우리 둘은 조용히 남아 선생님의 처분만 기다렸다.

"교양 공부는 그냥 한 얘기고, 승이한테 선생님이 키르케고르 얘기를 하다가 중간에 그만뒀지? 나는 한번 말을 하면 끝맺음을 해야 하는 성격이라 꼭 뒷부분을 얘기해 줘야지 하고 있었다. 슬기 너도 덕분에 좋은 수업 듣는 줄 알아라."

아 참, 그랬었지. 지난번에 그 얘기가 끝이 아니었지. 나는 갑자기 생각나서 손수건을 꺼내 선생님께 내밀었다.

"아, 손수건? 그래, 콧물 자국까지 싹 빨았냐?"

선생님의 농담에 슬기가 살짝 눈을 흘겼다. 나와 선생님 사이에 자기 모르는 무슨 일이 있었을까를 시샘하는 게 분명했다. 나는 일부러 더 과장하며 선생님께 친한 척을 했다.

"선생님이 그날 잘 위로해 주셔서 마음이 편안해졌어요."

슬기의 눈이 더 왼쪽으로 돌아갔다. 나를 흘겨보는 눈이 샘이 나 죽겠다는 속마음을 전하고 있었다. 그런 게 재미있어서 나는 더 모르는 척, 시선을 딴 데로 돌렸다.

"내가 위로가 된 게 아니라 키르케고르의 말이 위로가 된 거겠지. 지난번에 자살은 죄라는 얘기까지 했지? 그래, 그 다음부터 얘기해 보자. 세상의 많은 사람들이 살아가면서 자살을 하고 싶다는 생각을 한 번씩은 해 본다는 걸 아니?"

"저는 해 본 적이 없는데요?"

슬기가 냉큼 대답했다. 그렇겠지. 슬기가 부족한 게 뭐가 있어서 그런 생각을 해 보겠어? 필요한 건 부모님이 다 해 주시고, 얼굴도 예쁜 데다 인기도 좋고…… 슬기야말로 사는 게 제일 즐거운 아이일 것이다.

"그래, 슬기는 그런 생각을 하지 않았을 수 있어. 너희들은 아직 어려서 그런 생각을 해 보지 않았을 거야. 하지만 어른이 되면서 이런 생각은 자연스럽게 할 수 있게 된단다. 인간에게 있어서 절망이란 보편적인 것이라서 그래."

"절망이 보편적이라고요?"

설마, 세상의 모든 사람들이 절망을 하면서 살까? 힘든 처지에 있는 사람만 그런 것이 아닐까? 얼른 수긍이 가지 않아 내가 물었다.

"인간은 누구나 절망을 경험하면서 살아간다는 말이야. 표현하지 않는 사람은 있을지 몰라도 절망을 전혀 느끼지 않으면서 살지는 않을 거야."

"절망이란 나쁜 것이잖아요?"

슬기가 또 나서서 질문한다. 나와 선생님만 말하는 게 참을 수 없나 보다.

"흠…… 절망은 나쁜 것이지만, 완전히 나쁜 것이라고만 말할 수는 없어. 절망은 우리에게 어떤 기회를 주니까 말이다."

"어떤 기회요?"

슬기야말로 기회를 잡았다는 듯이 연달아 질문을 했다. 나를 빼고 단둘이만 말하고 싶은 모양이다.

"진정한 자기가 될 수 있는 기회를 주지."

"진정한 자기요?" 또 슬기다.

"그래. 진정한 자기, 이것을 키르케고르는 실존이라는 말로 표현을 한단다. 참으로 존재하는 자기라는 뜻이지. 키르케고르는 절망이 우리를 실존할 수 있도록 기회를 준다고 생각했어."

실존이라…… 참 멋진 말이라는 생각이 들었다.

"절망은 사람들에게 자기 자신을 돌아보고, 과연 내가 누구인가, 내가 어떻게 살아야 하는가를 생각하게 만든다. 이런 기회를 주기 때문에 절망은 좋은 것이라고 할 수도 있어. 하지만 절망 자체는 괴롭고 힘든 것이지. 당한 사람에게는 말이야."

선생님은 나를 바라보며 둘만이 통하는 비밀이라도 있는 것처럼

의미 있는 눈빛을 보냈다.

"맞아요. 절망을 하고 있는 사람에게 그건 좋은 것이라고 말할 수는 없겠죠."

나는 어제 인터넷에서 찾아보았던 절망 모임이 떠올라 대답했다. 거기에 글을 올렸던 많은 사람들이 절망을 기회로 생각해서 실존을 찾을 수 있을까? 지금이 너무 힘든데 말이다.

2 절망을 피하는 법

　"절망하고 있는 사람은 절망 가운데 서 있고, 거기에 충실할 것을 요구받는다. 하지만 어떤 사람은 절망에 진실하게 부딪히면서 자기를 찾는 사람이 있고, 어떤 사람은 절망을 피하려고 하지. 절망을 피하기 위해 사람들은 여러 방법을 찾는단다. 너희들도 게임을 해 본 적 있지?"

　이번엔 슬기와 내가 동시에 고개를 끄덕거렸다. 처음으로 마음이 맞아 같은 대답을 한 것이다.

"게임을 하면 세상의 일을 다 잊어버리게 되지? 게임에 빠져들면 우리는 게임 외에는 다른 생각을 못하게 된다. 만약 게임 중독이 돼서 하루 종일 그것만 한다면 그 사람은 현실 세상과는 완전히 동떨어지게 되겠지?"

"맞아요."

이번에도 슬기와 내가 입을 모아 대답했다.

"이런 게 바로 절망을 피하는 방법이 된단다. 다른 예를 하나 들어 볼까? 너희들 학교에서 시험을 잘 못 봐서 부모님께 야단맞은 적은 없었니?"

"있었어요."

우리는 입을 모아 큰 소리로 대답했다. 이런 일이야 슬기와 내 맘이 딱 맞지 않을 수 없다.

"하하, 그런 건 선생님도 겪은 일이지. 아마 모든 학생들이 다 그런 경험을 할 거야. 공부를 잘하는 학생도 성적 떨어지지 말라고 늘 공부하라는 말을 듣게 되거든. 그런데 그런 말을 들으면 정말로 책상에 앉아 공부를 하니?"

"책상에 앉기는 하는데 공부는 잘 안 돼요. 그래서 딴 짓을 하게 되고요."

슬기도 그런가 보구나. 나도 사실 엄마의 야단을 듣고 책상에 앉으면 공책에 낙서를 하거나 다른 책을 뒤적거리거나, 만화책을 보거나 하면서 딴 짓을 하게 된다. 참 이상도 하지. 왜 하려고 마음은 먹는데 행동은 잘 안되는지 모르겠다.

선생님이 씩 웃으며 말했다.

"부모님이 우리를 야단칠 때 그 말씀을 깊이 생각해서 태도를 바꿀 수도 있고, 어떤 때는 우리가 그것을 피해 버릴 때도 있다. 그런데 게임을 하면 부모님이 야단치던 것을 잊을 수 있고, 또 조용히 생각하면서 반성할 기회를 잃을 수 있지. 게임이 우리에게서 반성할 기회를 빼앗아 가는 것은 절망이 주는 기회를 스스로 회피해 버리는 게 되는 거란다. 게임이 즐거운 놀이가 될 수도 있지만, 이처럼 자기 자신을 돌아보는 시간을 피해 버리는 것도 된다는 거야."

선생님 얘기를 듣고 보니 정말 맞는 것 같았다. 나는 고개를 끄덕거리면서 선생님의 말을 기다렸다.

"키르케고르는 세 가지 삶의 단계에 대해 말했단다. 첫 번째 단계는 육체적 쾌락을 즐기는 미적 단계이지. 아름답고 좋은 것을 즐기면서 인생의 만족을 추구하는 단계야. 우리가 쾌락을 영원히

즐길 수만 있다면 좋겠지. 하지만 쾌락에는 '쾌락의 패러독스'라는 것이 있어. 패러독스란 말은 역설이라는 뜻이야. 자기가 원하는 쾌락으로 만족을 이루는 바로 그 순간에 사람들은 불만족을 느끼게 된다는 그런 뜻이란다. 그러니까 쾌락만을 추구하는 미적 단계에서는 결코 완전한 쾌락을 얻을 수 없다는 말이지."

"아, 알 것 같아요. 저도 언젠가 게임을 하는데 한 레벨을 다 끝내면 바로 그 다음 레벨로 가고 싶고, 또 다음, 그렇게 자꾸만 하다 보니까 밤이 될 때까지 하게 되었어요. 아무것도 안 하고 게임만 몇 시간 하고 나니까 기분이 무척 나빠지더라고요."

슬기의 말을 들으니 나도 같은 경험이 생각났다. 원래 게임이란 게 하면 할수록 더 하고 싶은데, 막상 끝날 때가 되면 이상하게 기분이 상한다. 허무하기도 하고…….

"그래. 너희들의 그런 경험 말고도 어른이 되면 그런 일을 더 많이 겪게 된다. 어떤 사람은 더 높은 권력을 얻으려 하고, 어떤 사람은 더 많은 돈을 벌려고 하지. 그럴수록 사람들은 쾌락의 역설, 즉 불만족을 얻게 될 수밖에 없다. 욕심은 끝이 없는 것이니까."

"그럼 다음 단계는 뭔데요?"

슬기가 참지 못하고 얼른 물었다. 슬기의 적극적인 공부 욕심에 선생님이 웃으면서 대답했다.

"슬기의 욕심도 끝이 없구나. 하하. 그래, 그렇지만 공부 욕심은 좋은 거니까. 다음은 윤리적 원칙에 따라서만 인생을 살아가려고 하는 단계란다. 윤리적으로 살면 우리의 마음이 편안해지고 참된 기쁨과 마음의 안심을 얻을 수 있을 것이라고 믿고 열심히 윤리적으로 살아가려고 하는 것이지.

이 단계의 사람들은 철저하게 윤리와 도덕을 지키고 또 남에게도 그러한 삶을 요구한단다. 하지만 여기에도 문제는 있어. 윤리적으로 살아가려면 윤리적 감수성이 뛰어나야 하지 않겠니?"

"윤리적 감수성이란 게 뭐죠?"

슬기가 물었다.

"윤리적 감수성이란 자신의 살아가는 모습이 윤리적으로 문제가 없는지 민감하게 생각하는 태도이지. 교통신호를 잘 지키지 않거나 또는 거짓말을 하고도 가책을 받지 않는다면 그런 사람이 윤리적이기를 기대할 수는 없지 않겠니? 그러니까 윤리적으로 살려면 먼저 윤리적 감수성이 뛰어나야만 한다는 것이지. 그런데 문제는 바로 여기에 있어."

"여기에 무슨 문제가 있나요? 윤리적으로 민감하다는 게요?"

　나는 점점 궁금해지면서 머리가 복잡해졌다.

　"사람들이 과연 어느 정도로 윤리적일 수 있을까? 인간이 하느님이 아닌 다음에야 실수도 많이 하지 않겠니? 어떤 경우에는 자기가 윤리적인 잘못을 범하고 있다는 것을 알 수도 있겠지만, 또 어떤 경우에는 자기도 모르는 사이에 많은 윤리적인 잘못을 범하기도 하잖아. 그렇지 않니? 그러니까 윤리적 감수성이 민감하면 할수록 인간은 자기 자신이 진정으로 윤리적으로 살지 못한다는 것을 더 잘 알게 된다는 거야. 그러니 윤리적으로 충실하려고 노력을 하면 할수록 만족을 얻기는커녕 더욱 괴롭게 된다는 거지."

3 참된 자기 되기

"이렇게 볼 때 윤리적 태도에도 한계가 있을 수밖에 없어. 그래서 우리는 종교적 단계로 나아갈 수밖에 없다는 것이다."

"종교적 단계요?"

슬기나 나나 우리는 교회나 절에 다니지 않았다. 다른 종교도 가지고 있지 않았기 때문에 선생님의 말이 좀 의아하게 들렸다.

"이 단계에서 우리는 하느님 앞에서 외톨이로 서서 결단을 하게 된단다. 우리가 윤리적인 판단을 내리는 데 있어서 한계에 도달했을 때 가장 중요한 것은 하느님 앞에서 결단을 내려야 한다는 것이지."

우리가 조용히 아무 말도 하지 않자 선생님이 물었다.

"너희들 혹시 친구들에게 휩쓸려 자기가 진정으로 원하지 않는 일을 해 본 적은 없니?"

선생님의 말을 듣는 순간 가슴이 뜨끔해졌다. 우리 반에 따돌림을 당하는 남자 애가 있는데 다른 친구들이 그 애를 놀릴 때 나도 따라한 적이 있었던 것이다.

말을 좀 더듬는 그 애는 사실 다른 것은 다 괜찮은데 말을 더듬는 것 때문에 놀림을 당하는 아이였다. 이름이 희범이인 그 아이를 놀리느라 애들은 '히히히범'이라고 불렀다. 희범이가 모자란 아이도 아니고 태도가 이상한 것도 아닌데 친구들이 따돌리는 것이 나쁘다는 생각은 했다. 그렇지만 다른 아이들도 다 희범이를 놀리는데 나만 그 애를 두둔할 수는 없었다. 그러다가는 나까지 희범이와 덩달아 따돌림을 당할 게 분명했기 때문이다.

언젠가 과학 시간에 곤충의 더듬이를 배울 때 애들은 더듬이라는 말이 나오자마자 희범이를 떠올리며 놀렸던 적이 있었다.

"선생님, 곤충만 더듬이가 있는 게 아니라 말도 더듬이가 있어요. 진짜로요! 저기 말더듬이요!"

희범이를 가리키며 누군가 말하자 아이들 모두 교실이 떠나가라 웃어 댔다. 나도 물론 애들의 웃음소리에 섞여서 같이 웃었다. 그런데 웃으면서도 희범이의 붉어지는 얼굴을 보니 죄책감이 느껴졌었다. 그렇게 놀리면 안 되는 거였다…….

그때 생각이 나자 괜히 선생님의 얼굴을 똑바로 볼 수가 없었다. 꼭 내 잘못을 알고 지적하는 것 같아서 말이다.

"사실은 저도 친구가 싫어하는 줄 알면서도 다른 친구들이 별명을 부르기에 같이 따라 부른 적이 있어요. 밥 먹는 하마라고요…… 그 애는 엄청 뚱뚱하거든요."

슬기의 말에 선생님이 큼큼 기침을 했다. 얼굴까지 달아오르려는 게 아마 웃음을 억지로 참느라 그런 것 같았다. 금방 내 잘못을 반성하던 나도 슬기의 말에 그만 웃음이 나올 뻔했다.

"그래. 우리들이 이처럼 남의 말이나 분위기에 휩쓸리지 않고 자신의 주관대로 행동하려면 어떻게 해야 할지 생각해 보자. 그러려면 먼저 진정한 자기를 발견해야 해. 키르케고르는 이렇게 말하고 있단다. 자기를 찾아라. 그리고 홀로 자신의 뜻을 지켜라."

"그런데 선생님, 자기를 찾는 것과 하느님 앞에 선다는 것이 무슨 상관이에요?"

아무래도 선생님의 말이 이해되지 않아 내가 물었다.

"오, 바로 핵심을 지적했다. 승이의 이해력이 보통 이상인걸?"

선생님의 칭찬에 나는 속으로 웃었다. 이해가 되지 않아 물었는데 이해력이 있다니⋯⋯.

옆에서 슬기가 또 샘이 나는지 입을 꼭 다물고 있었다.

"너희들은 무슨 잘못을 했을 때 선생님이나 부모님 앞에서 말도 못하고 우물쭈물해 본 적이 없었니?"

선생님의 질문에 예전의 일이 생각났다.

"전에요, 식탁에 있던 돈을 허락 없이 가지고 나와서 뭘 사 먹은 적이 있었거든요. 집에 돌아왔는데 엄마가 그냥 절 부르는 소리에 깜짝 놀라서 기절할 뻔했어요. 제가 돈 가지고 나간 걸 모르는 엄마는 아무 말도 하지 않고 그냥 딴 이유로 절 부른 건데, 저는 엄마 눈을 제대로 바라보지도 못했어요."

"그랬구나? 선생님도 어릴 때 그런 잘못을 한 적 있지. 선생님은 바로 엄마에게 들켜서 아주 호되게 야단을 맞았지만 말이다. 하하. 그런데 우리가 영원한 존재인 하느님 앞에 홀로 서 있다고 생각해 보자. 만일 인간이 어떤 잘못을 범하거나, 또는 진정한 자신의 모습이 아닌 다른 모습으로 가장을 하고 하느님 앞에 선다면 몹시 떨리지 않겠니? 그러니 아마 그런 사람이라면 하느님 앞에 홀로 서기를 거부하고 다른 짓을 하려고 하겠지. 아까 말했던 첫 번째 미적인 단계에 있으면서 말이다."

"아, 그러니까 쾌락을 추구하면서 거기에 빠지는 것은 하느님을 피하기 위한 것이라는 거죠?"

"바로 맞히었다. 너희들과 아주 얘기가 잘 통하는데? 선생님은 이걸 이해하는 데 며칠이나 걸렸는데 말이야. 선생님보다 더 나은 제자들이군. 하하."

슬기에게 이렇게 똑똑한 면이 있었나? 나는 슬기가 다시 보여 눈길을 건넸다. 슬기는 내가 보는 것도 눈치 채지 못할 만큼 선생님의 얘기에 심취한 것 같았다.

선생님이 계속 말을 이었다.

"하느님 앞에 설 때 사람은 진정한 자기가 되지 못하면 견디기가 어렵게 되지. 그러므로 인간이 진정으로 자기 자신이 되었는지는 하느님 앞에 외톨이로 서 있을 때에만 알 수 있게 되는 거란다."

"그런데 왜 외톨이가 되어야 하나요? 친구와 같이 있으면 안 되나요?"

방금 전 똑똑한 대답을 하던 슬기가 물었다. 너무 어이없는 질문이잖아? 암튼 슬기는 그 깊이를 가늠하지 못하겠다.

"친구와 같이 있으면 친구를 의식하게 되잖니? 지금 너희들이 은근히 서로를 의식하는 것처럼 말이다. 그러면 자기 자신에게 솔직하지 못하게 될 수가 있다. 홀로 외톨이로 있을 때 우리는 조용히 자신의 참된 모습을 반성하게 되고, 거기서 진정한 자아를 찾을 수 있게 되는 거지. 친구들끼리 함께 휩쓸려만 다니고, 외톨이가 되지 않으려고 친구들이 하는 대로 따라하거나 시키는 대로만 한다면 참된 자신을 발견하기 어렵지 않을까?"

"친구라고 해서 다 그렇게 휩쓸려 가지는 않잖아요? 진정한 우정은 얼마든지 있을 것 같은데……."

슬기가 슬쩍 나를 바라보며 말했다. 슬기 마음에 내가 진정한 친구일까? 나도 친구를 꼽아 보면 슬기밖에 없긴 하다. 슬기 때문에 속상한 적도 있고, 슬기가 얄미울 때도 있고, 부러울 때도 있지만 어쨌거나 슬기는 나의 가장 좋은 친구다. 슬기도 나와 같은 마음일까?

"바로 그거야. 진정한 우정은 어떻게 가능할까? 서로 자기를 잘 알고 또 서로를 진정으로 존중할 때 가능하겠지?"

슬기가 선생님의 물음에 고개를 끄덕거렸다.

"그렇다면 말이야, 어떻게 그럴 수 있을까? 진정한 친구가 되기 위해서 먼저 진정한 자기가 될 수 있어야 하고, 그러기 위해서는 하느님 앞에서 외톨이로서 자신을 발견해야 한다는 것, 그것이 바로 키르케고르가 말한 외톨이의 의미란다."

"아하! 이제 알겠어요."

우리는 입을 모아 똑같이 말했다. 이렇게 생각마저 잘 통하니 슬기가 내 친구인 건 확실하다.

자기 자신의 실존을 찾는 긴 교양 수업(?)이 이로써 드디어 끝이

났다. 한참 얘기할 때는 몰랐는데 시계를 보니 꽤 오랫동안 우리가 한자리에 앉아 있었던 것이었다. 이 정도로 열심히 수업을 듣는다면 모든 과목을 백 점 받을 수 있을 것이다. 그만큼 한눈팔지 않고 들었으니까 말이다. 하긴, 선생님의 얼굴을 보는 것만으로도 행복한 시간이었으니까.

"이런, 시간이 벌써 이렇게 됐구나. 선생님도 약속이 있었던 걸 깜빡 잊었네. 자, 같이 나가자."

선생님이 가방을 챙기면서 먼저 일어나셨다. 우리는 선생님 뒤를 아기 오리처럼 졸졸 따라 나갔다.

4 슬기는 못 말려

교문 앞에서 선생님은 우리들에게 인사를 하려다가 갑자기 생각 난 듯 물었다.

"너희들 떡꼬치 하나씩 먹고 갈래?"

슬기와 나는 눈을 마주치고는 큰소리로 대답했다.

"네! 좋아요!"

당연히 거절할 이유가 없지. 이게 웬 횡재람? 슬기의 입은 너무 좋아서 다물어지질 않았다.

"여길 지날 때마다 항상 이 떡꼬치 냄새가 얼마나 코를 당기는지, 꼭 한 번 먹고 싶더구나. 선생님 체면에 혼자 사 먹기도 민망하고, 그래서 늘 침만 흘리고 지나갔지. 선생님도 예전에는 이거 많이 먹었었다."

그러면서 선생님은 빨간 양념이 듬뿍 발린 떡꼬치 한 줄을 뚝 떼어 드셨다.

"이게 이렇게 한 줄씩 먹는 게 제 맛이거든. 하하."

우리들도 입 언저리에 고추장 양념을 묻혀 가면서 신이 나서 떡꼬치를 씹었다. 미남 선생님에게 얻어먹는 그 맛이란!

"정민 씨……."

그때 저쪽에서 누가 손을 흔들며 선생님의 이름을 불렀다. 돌아보니 하늘하늘한 하얀색 원피스를 입고 핸드백을 손에 든 사람이 서 있는 것이었다.

"응, 여기야. 잘 찾아왔네. 아, 여긴 미술반 아이들."

선생님이 낯선 여자에게 우리를 소개했다. 직감적으로 선생님의 애인이란 생각이 들었다. 눈치 빠른 슬기도 단박에 알아챈 것 같았다. 슬기의 얼굴이 딱딱하게 굳어 버렸다.

"이분은 누구신데요? 선생님 애인이에요?"

슬기를 위해서라도 확인을 해야겠기에 내가 물었다.

"으응…… 그래, 선생님 애인이지. 하하."

선생님은 계면쩍은 듯이 머리를 긁적였다.

눈도 크고 날씬한 데다 화장도 예쁘게 한 모습이 너무 근사해 보였다. 나도 어른이 되면 이렇게 예뻐질 수 있을까. 하지만 지금의 모습으론 어림도 없을 거야. 나는 선생님의 애인이 참 부러운 생각이 들었다.

"정민 씨가 가르치는 애들이에요? 아이, 귀여운 꼬마들이네."

"저흰 꼬마가 아니거든요!"

선생님의 애인이 웃으면서 하는 말에 슬기가 불쑥 한마디 하더니 휙 돌아 앞서 걸어가는 것이었다. 나는 당황하여 허둥지둥 인사를 하고는 슬기를 쫓아갔다.

"슬기야, 너 선생님 앞에서 왜 그러니?"

"말 시키지 마. 내 기분은 절망적이야. 이런 거야말로 진짜 절망일 거야."

선생님 애인을 본 슬기의 충격이 짐작가지 않는 건 아니었지만 절망 운운하니 그 꼴이 우스웠다.

"야, 그럼 선생님이 저 나이에 애인도 없겠냐? 너랑 20년이 다

되게 나이 차가 나는데…… 너 혹시 질투하는 거야?"

"20년이 무슨 나이 차야! 사랑하면 극복할 수 있어!"

"점점…… 야, 정신 차려. 너는 지금 윤리적 단계를 넘어서 종교적 단계로 가야 할 것 같다."

"무슨 소리를 하는 거야?"

내 말에 슬기가 볼멘소리로 대꾸했다.

"애인 있는 사람을 좋아하면 안 되잖아. 그런 것으로 네가 힘들어하고 있으니 신 앞에서 결단을 해야지. 참된 너를 찾을 수 있게 말이야. 절망은 참된 나를 찾을 수 있는 기회라고 했잖아. 그러니 더 잘됐지 뭐야."

"첫, 참된 나는 벌써 있다고. 선생님을 좋아하는 참된 나 말이야."

"그런 게 어떻게 참된 너냐?"

어이없는 슬기의 대답에 내가 말했다. 그러자 슬기가 확신에 찬 모습으로 단호하게 대답했다.

"선생님이 10년만 기다려 주면 돼. 내가 얼른 어른이 돼서 꼭 다시 만날 거야!"

주먹이라도 불끈 쥘 듯한 각오였다. 나는 슬기의 그런 모습이 재미있었다.

"너 기다리다가 선생님은 영감님 되게?"

"괜찮아. 내 사랑은 진실한 것, 변치 않을 거야!"

"그래, 그게 너의 실존이라면 그렇게 하렴."

사실 슬기의 저런 순정은 처음 있는 일이 아니어서 놀랄 것도 아니었다. 조금 지나면 제 풀에 저절로 가라앉을 것이므로 더욱 놀랄 필요가 없다. 슬기가 열심히 좋아했던 아이들의 이름도 벌써 내가 아는 것만 열 손가락을 넘으니까 말이다.

"선생님이 그렇게 좋다면, 너 선생님 말씀도 다 이해했겠네?"

내가 슬기에게 장난처럼 한마디 했다.

"당연하지! 너 혹시 모르는 거 있음 나한테 물어봐. 첫 시간 빠지고도 실존에 관해서는 훤히 꿰고 있으니까. 그 케로로……케로로 뭐였더라?"

"야, 케로로는 개구리 중사고, 키르케고르! 철학자 이름도 모르면서 무슨!"

내 말에 슬기의 얼굴이 살짝 붉어지려고 했다. 쑥스럽긴 하겠지.

"너 그런데, 진정한 우정 얘기할 때 내 생각했지, 그치?"

아까의 얘기가 생각난 내가 불쑥 물었다.

"무슨 소리야! 누가 널 생각했대? 쳇!"

그러면서 슬기가 저만큼 앞으로 달려간다. 케로로 얘기했을 때보다 더 쑥스러워하기는. 그렇지만 나는 안다. 슬기가 아니라고 하는 그 말이, 정말 그렇다는 말의 대신인 것을.

5 절망에서 희망으로!

집에는 아무도 없을 것이다. 엄마는 일을 가고 아빠는 직장을 구하러 나가셨을 테고, 언니는 학원에서 밤에나 오고…… 내가 먼저 가서 문을 열면 승은이가 조금 있다가 올 것이다.

슬기와 키득거리면서 오던 길이 먼 과거처럼 느껴졌다. 현관 앞에서 열쇠를 돌리는 순간에는 우울한 가정의 둘째 딸일 뿐이기 때문이다.

그런 생각을 하면서 찰칵 열쇠를 돌리려는데 문이 활짝 열렸다.

"엄마, 이 시간
에 집에 계셨어
요? 일은요?"

엄마가 문에 서 있는 것이었다. 분명
히 일을 갔을 시간인데.

"어서 와라. 아빠가 일 그만두고 당
장 집으로 오라고 해서 들어와 있었
단다."

엄마는 무슨 일인지 지금까지 보아
왔던 얼굴 중 가장 즐거운 표정을 짓
고 있었다. 그동안 웃음도 없이 무표
정하게 지내던 엄마인데, 복권 당첨이라도 되셨나?

"손 씻고 여기 토스트 먹어. 엄마가 저녁도 맛있는 걸로 만들어
줄게."

점점…… 전에 없던 서비스까지…… 엄마가 웬일이실까?

"엄마, 무슨 좋은 일 있어요?"

"좋은 일 있고말고. 있다가 식구들 다 모이면 얘기해 줄게."

콧노래까지 흥얼거리면서 엄마는 신이 나서 감자를 깎으셨다.

엄마가 기분이 좋으니 내 기분도 나쁠 리가 없었다. 덩달아 들떠서 요리 준비하는 엄마 옆에서 도와주겠다고 나섰다. 뭔지는 모르지만 분명히 온 가족이 기뻐할 소식일 것이었다.

그렇게 저녁이 되고 다섯 명이 모두 둘러앉은 저녁상이 마련됐다. 엄마가 한참을 준비한 것은 우리 집의 별식 감자탕이었다. 우리들은 감자탕의 맛있는 냄새에 군침이 돌기도 했지만, 그것보다 먼저 기쁜 소식이 무엇인지 듣고 싶은 마음이 우선이었다. 그걸 들어야 감자탕의 맛도 두 배가 될 게 아니겠어?

한참 뜸을 들이던 아빠가 입을 여셨다.

"너희들에게 한동안 근심을 갖게 해서 미안했다. 아빠가 열심히 하느라 했는데 좀 안 좋은 일이 있었구나. 그래서 그 사이 아빠는 많은 생각을 했단다. 내 자신이 진정한 나의 모습으로 잘 살고 있는가, 참된 내 모습을 지켜가고 있는가, 그런 생각을 말이다. 지난번 회사에서 새로 온 사장과 갈등이 있었을 때, 내가 그냥 지시를 따르면서 지냈어야 옳지 않았을까도 생각해 봤다. 틀린 요구지만 그걸 그냥 따랐어야 회사에서 해고당하는 일도 없었을 테니까 말이다."

아빠는 잠시 말을 멈추고 우리들을 하나하나 바라보았다.

"그렇지만 나는 너희들의 얼굴을 걸고, 내가 한 행동이 틀리지 않았음을 믿었다. 사장의 부당한 명령을 따르는 것은 내 자신을 버리는 것이며 실존을 잃는 것이라 생각했기 때문이다."

"아유, 딴소리 그만하고 본론을 말해요. 감자탕 다 식겠어요."

엄마가 아빠의 장황한 말에 채근을 했다. 아빠의 말을 들으니 아까 낮에 선생님과 한 얘기가 떠올랐다. 신기하다. 아빠가 선생님과 꼭 같은 말을 하다니.

"그런데 오늘, 아빠의 소신이 틀리지 않았음을 입증 받았단다. 새로 왔던 사장이 나가고, 나를 다시 회사에 오라는 소식을 들은 것이다. 이 아빠를 말이다."

그러면서 아빠는 감격한 목소리로 결정적인 소식을 전했다.

"아빠, 정말이세요? 그럼 회사에서 잘린 게 아닌 거예요? 나 피아노 계속 해도 되고요?"

승은이가 잠깐을 참지 못하고 벌써 들떠서 외쳤다.

"잘리다니! 아빠처럼 유능한 사람을 누가 자르니? 아빠가 없으니 회사가 돌아가질 않는대, 글쎄. 그리고 말이다, 더 기쁜 건 아빠가 승진하게 되었다는 거야."

엄마가 기다렸다는 듯이 웃음을 감추지 못하고 말했다.

"승진? 나 말이야?"

언니가 거의 처음으로 식구들에게 농담을 던졌다. 사춘기 언니도 이런 기쁜 자리에서는 그냥 딸의 모습이 되는구나.

"하하하, 그래, 승진이 너 말이다. 이제 아빠 월급도 조금 더 오르게 되었으니 전보다 나아질게다. 아빠는 무엇보다 아빠의 실존이 인정받게 되어 가장 기쁘다."

"아빤, 아까부터 실존, 실존 하는데 그게 뭐예요?"

아빠의 말을 다 이해하지 못하던 승은이가 물었다. 승은에게 가장 중요한 것은 당장 피아노를 계속할 수 있다는 것뿐이었을 것이다.

"실존이란 말이지, 흠흠…… 너 있다가 밥 먹고 방에서 보자. 이 언니가 가르쳐 줄게."

들은 말이 있는지라 내가 가만히 있지 못하고 동생에게 아는 체를 했다.

"실존인지 뭔지, 우리 일단 밥부터 먹자고요. 배고파 죽겠네."

역시나 사춘기 언니는 예전으로 돌아와 배고프단 얘기만 하는군. 어쨌거나 우리는 모두 배가 고팠으므로 허겁지겁 감자탕을 먹기 시작했다. 좀 식긴 했지만 감자탕의 맛은 말할 것도 없이 전국 최고였다!

하느님 앞에서 외톨이 되기

"하느님 앞에서 외톨이가 되기." 이것이 키르케고르의 실존 사상의 핵심적인 말이다. 외톨이로 홀로 하느님 앞에 서 있음으로써 인간은 참된 자기의 모습을 발견할 수 있기 때문이다. 제3부에서 소개한 실존의 삼 단계에 대한 이야기가 최종적으로 향하고 있는 지점도 바로 하느님 앞에서 외톨이로 되자는 것이다.

하느님에 대한 이야기를 키르케고르가 활용하는 것은 그가 기독교적 전통 속에서 철학적 생각을 전개해 왔기 때문이다. 그는 성서로부터 여러 이야기를 가져와 자신의 생각을 발전시켰다. 그리고 그의 사상은 기독교의 발전에도 큰 영향을 주기도 했다. 그렇다고 해서 그의 사상에 대해 생각할 때 반드시 기독교를 믿어야 한다는 부담을 가져야 하는 것은 아니다. 그가 하느님에 대하여 말을 하는 것은 인간은 정신적 존재라는 사실, 그리고 인간은 영원을 추구하는 존재라는 사실에 기초를 둔 것이기 때문이다.

하지만 기독교가 죄라는 개념을 중요하게 생각한다는 점에서 다른

종교보다 특히 기독교가 키르케고르의 사상과 잘 연결될 수밖에 없는 것도 사실이다. 절망 속에서 참된 자기를 찾는 문제는 우리의 선택에 달린 문제로서 해도 그만, 안 해도 그만인 문제는 아니다. 참된 자기를 찾지 않는 것은 죄가 된다. 키르케고르는 "죄란 하느님에 대한 관념을 갖고서도 그런 하느님 앞에 서서 자기 자신이 되려고 하지 않거나, 또는 하느님을 무시하고 잘못된 자기에게 집착함으로써 반항하는 것"이라고 말한다. 쾌락의 노예가 되거나, 윤리적으로 사는 것으로 충분하다고 생각하는 것은 죄에서 우리를 구원해 주질 못한다. 하느님 앞에 외톨이로 있으면서 자신의 존재를 의식할 때에만 우리는 죄에서 구원받을 수 있다는 것이 키르케고르의 주장이기 때문이다.

키르케고르는 이런 이야기를 한다. 황제가 날품팔이를 하는 사람에게 자신의 사신을 보내 그를 자기의 딸을 주고 사위로 삼겠다고 한다. 하지만 날품팔이는 이 일이 너무나 엄청나서 이를 믿지 못하고, 자기를 웃음거리로 만들려는 짓으로 생각하여 거부하고 만다. 자기가 생각하기에 자신이 선택받을 이유가 없기 때문이다. 하지만 외톨이인 한 인간에게 하느님이 다가오고, 그가 원하는 어느 순간에도 하느님과 대화할 수 있으며, 그의 말을 하느님은 분명히 들어 주신다는 것, 다시 말해 하느님은 인간을 언제나 친밀하게 대해 준다는 것이다. 키르케고르는 이것이 기독교의 가르침이라고 주장한다. 우리가 날품팔이로 남을 것인가, 아니면 황제의 사위가 될 것인가는 우리의 선택에 달린 것이라는 말이다.

우리가 어떤 삶을 살 것인가는 우리의 선택에 달려 있다. 우리의 정신의 태도를 결정하는 것, 우리의 내면세계를 형성하는 것은 전적으로 우리의 결단과 선택에 달린 문제라는 것이다. 물론 이 이야기에서처럼 아빠가 퇴직을 당하거나 또는 다시 복직을 당하는 것은 아빠의 결정에 달린 것은 아니지만, 이런 환경에 휘둘려 자기를 잃어버릴 것인가 아니면 자기를 찾아 당당하게 살아갈 것인가는 자기에게 달린 것이다.

아빠와 승이는 미술 선생님이 말씀해 준 키르케고르의 실존 이야기에 가깝게 살아간다. 하지만 이 이야기에서 어머니는 환경에 따라 이리저리 흔들리는 모습을 보여 준다. 아빠의 실직에 절망하고, 아이들의 요구에 화를 내지만, 또 생계를 위해 직접 일자리를 찾아 나서다가 아빠의 복직에 너무나 기뻐하며, 아빠의 말에 하던 일을 당장 그만두고 집으로 들어온다. 가정주부의 모습을 이런 식으로 그린 것이 못내 죄송하지만, 이 이야기에서 누군가는 담당해야 할 악역을 어머니가 담당한 것으로 이해해 주길 바란다. 여기서 어머니의 내면 세계는 전혀 나타나지 않고 있기 때문이다.

생각과 결단, 그리고 선택, 이것이 우리의 삶을 참된 모습으로 만들어 줄 것이다. 죽음, 절망, 고독과 같은 것은 단순히 부정적인 것만은 아니다. 이런 일들은 우리의 참된 자기를 향한 길과 연결되어 있기 때문이다.

때때로 죽음이 동경되거나 죽음을 가까이에서 느낄 때, 절망이 나를 휘몰아 바닥없는 심연 가운데로 정신이 떨어지는 것처럼 느껴질 때, 외톨이가 되어 한없는 외로움을 느낄 때, 이러한 순간들은 우리의 삶을 참된 길로 인도하는 순간이 된다는 것을 기억하자.

에필로그

모두가 잠든 밤, 나는 나의 일기장 길버트를 꺼냈다. 할 얘기가 무척 많았다. 오늘 하루 동안 너무 많은 일이 일어났기 때문이다.

막 일기를 펼치려는데 누가 문을 똑똑 두드렸다. 열어 보니 아빠가 서 계셨다.

"밤에 웬일이세요? 아빠도 주무시는 줄 알았는데. 내일부터 다시 출근하려면 새벽에 나가셔야 되잖아요?"

아빠는 내 말에 빙긋 웃으면서 머리를 쓸어 주었다.

"아빠가 우리 승이한테 많은 빚을 졌다. 승이 덕분에 다시 일어설 힘도 얻고 말이야. 오랫동안 잊고 있었던 아빠 삶에 대해 생각한 것도 승이 네 덕이야. 아니, 사실은 길버트 덕이지."

길버트를 알다니? 그럼 혹시 아빠가 내 일기를?

아빠는 의미 있는 웃음을 지으며 책을 한 권 슬쩍 내밀었다. 제목을 보니 '죽음에 이르는 병'이었다. 키르케고르의 이 책을 왜 주시는 걸까?

"아빠도 예전엔 생각 많은 청년이었다. 살면서 그런 걸 모두 잊어버리고 휩쓸려만 살아왔던 것 같다. 이 책을 다시 읽으니 진실되게 세상을 살아야겠다고 결심했던 마음으로 돌아가게 되는구나. 가장 귀한 건 나 자신을 잃지 않는 거니까. 이건 그런 의미에서 승이 네게 주는 선물이야. 승이와 이 책 덕분에 아빠가 절망을 이겨 낼 수 있었단다. 참, 승이 너는 엄마와 아빠가 서로 데려가려고 싸웠단다. 네가 뒤의 말은 못 들은 것 같아 전해 준다."

아빠는 나를 향해 한쪽 눈을 찡긋하며 방문을 닫고 나가셨다. 아빠가 나가고 난 뒤 어안이 벙벙해진 나는 잠시 가만히 있었다. 그러다 문득 떠오르는 것이 있어서 내 일기장을 펼쳐 보았다. 선생님에게 절망 얘기를 듣던 그날의 일기에, 글쎄 낯선 글자가 몇 개 적혀 있는 것이었다.

'몰래 읽어서 미안!'

이건 분명히 아빠 글씨였다. 그랬구나. 그래서 지금 막 그런 말씀을 하고 간 거였구나.

나는 아빠가 일기장을 본 것에 좀 화가 나기도 했고, 그것으로 아빠가 도움을 받았다고 생각하니 괜찮기도 하고, 두 개의 마음이 오락가락했다. 어쨌거나 길버트를 좀 더 깊은 곳에 꽁꽁 숨겨야 할 필요가 있다.

나는 길버트에게 무언가를 쓰려다가 책꽂이에 꽂혀 있는 시집에 눈이 갔다. 얼마 전에 보다가 내던진 푸슈킨의 시집이었다. 다시 펼쳐 보니 한눈에 이 말이 쏙 들어온다.

'참고 견디라. 즐거운 날은 오고야 말리니.'

그때는 틀린 말이라고 생각했지만 다시 보니 그렇지가 않네. 봐, 이렇게 즐거운 날이 오고야 말았잖아? 세상이 우울한 일들로만 가득 차 있다면 누가 남아 있겠어. 암튼 유명한 사람들의 말치고 틀린 것은 없나 봐. 키르케고르도 그렇고, 푸슈킨도 그렇고 말이야. 아유, 그런데 무슨 이름이 이렇게 어려운 거야?

통합형 논술
활용노트

01 승이와 슬기는 미술반 뭉크 정민 선생님께 죽음에 대한 이야기를 듣습니다. 여러분은 죽음이 무엇이라고 생각하나요? 생각나는 대로 적어 보세요.

02 키르케고르가 말한 '죽음에 이르는 병'이란 무엇인가요? 책을 잘 읽어 본 후 적어 보세요.

03 키르케고르는 절망이 나쁜 것만은 아니며 우리에게 어떤 기회를 주는 계기가 된다고 말했습니다. 그 기회가 어떤 것인지 생각나는 대로 적어 보세요.

04 키르케고르가 말한 세 가지 삶의 단계 중 미적 단계는 육체적 쾌락을 즐기는 단계입니다. 그 단계에는 '쾌락의 패러독스'라는 것이 있는데요, 그것이 무엇인지 적어 보세요.

05 아래 글을 읽고 생각해 보세요.

"그래, 너희들의 그런 경험 말고도 어른이 되면 그런 일을 더 많이 겪게 된다. 어떤 사람은 더 높은 권력을 얻으려 하고, 어떤 사람은 더 많은 돈을 벌려고 하지. 그럴수록 사람들은 쾌락의 역설, 즉 불만족을 얻게 될 수밖에 없다. 욕심은 끝이 없는 것이니까."

"그럼 다음 단계는 뭔데요?"

슬기가 참지 못하고 얼른 물었다. 슬기의 적극적인 공부 욕심에 선생님이 웃으면서 대답했다.

"슬기의 욕심도 끝이 없구나, 하하. 그래, 그렇지만 공부 욕심은 좋은 거니까. 다음은 윤리적 원칙에 따라서만 인생을 살아가려고 하는 단계란다. 윤리적으로 살면 우리의 마음이 편안해지고 참된 기쁨과 마음의 안심을 얻을 수 있을 것이라고 믿고 열심히 윤리적으로 살아가려고 하는 것이지.

이 단계의 사람들은 철저하게 윤리와 도덕을 지키고 또 남에게도 그러한 삶을 요구한단다. 하지만 여기에도 문제는 있어. 윤리적으로 살아가려면 윤리적 감수성이 뛰어나야 하지 않겠니?"

"윤리적 감수성이란 게 뭐죠?"

위 글에서 이야기하는 삶의 단계에 대해 생각나는 대로 적어 보세요.

06 '하느님 앞에 외톨이로 선다' 는 말은 무슨 뜻인가요? 그리고 이 말은 세 가지 삶의 단계 중 어느 단계에서 나온 말인가요? 책을 잘 읽고 생각나는 대로 적어 보세요.

통합형 논술
문제풀이

01 사람은 누구나 태어나면 언젠가는 죽습니다. 사는 동안은 많은 사람들과 어울리며 살아가지만 죽을 때는 홀로 신 앞에 선다는 키르케고르의 말처럼 죽음 앞에서는 모두가 혼자입니다.

아직 여러분은 죽음에 대해 진지하게 생각해 본 적이 없을지도 모릅니다. 그러나 죽음이라는 것이 반드시 어둡고 무서운 이야기만은 아닙니다. 죽음에 대한 진지한 생각들은 여러분이 지금보다 더 성숙하고 건강하게 현재의 삶을 살아가도록 만드는 데 도움을 줄 것입니다. 가까운 친구들과 함께 죽음과 삶에 대해 이야기해 보세요.

02 키르케고르는 절망은 우리를 죽음에 이르게 한다고 하였습니다. 절망에 빠진 자는 죽더라도 눈을 감지 못한다고 하였으며, 그러므로 죽음이 그를 지배하지 못하게 되고, 따라서 그는 죽음의 죽음을 경험하게 된다고 하였습니다. 그런 의미에서 절망은 우리를 죽음으로 이끄는 병입니다. 이는 사람이 육체적 존재가 아닌 정신적 존재이기에 가능한 것이며

절망이라는 정신의 병은 종종 사람들을 자살로 이끌기도 합니다.

인간이 자살을 생각하는 것은 절망하기 때문이며 절망은 관계가 어긋날 때 발생하는 것입니다. 절망한 사람들은 자살로 모든 것이 끝난다고 믿겠지만, 인간은 관계를 맺는 존재이기 때문에, 자살하는 것은 인간관계를 강제로 잘라 버리는 것을 의미하게 되고, 따라서 자살은 나와 관계를 맺고 있는 모든 사람들에 대한 폭력이 되는 것이라고 키르케고르는 말합니다.

자살하는 사람은 자기만 죽고 나면 끝이라고 생각하지만, 그를 아는 모든 사람은 그의 죽음으로 인해 엄청난 충격을 받게 되므로 관계를 강제로 끊어 버리는 행위에 대한 충격은 아주 심각한 것입니다.

03 인간에게 있어서 절망이란 보편적인 것이라고 키르케고르는 말합니다. 즉 인간은 누구나 다 절망을 다 경험하면서 살아간다는 뜻입니다. 우리는 흔히 절망은 나쁜 것이라고 생각하지만 절망이 언제나 나쁜 것이라고만 말할 수는 없

습니다. 절망은 우리에게 진정한 자기가 될 수 있는 기회를 줍니다.

이것을 키르케고르는 '실존'이라는 말로 표현합니다. 참으로 존재하는 자기라는 뜻으로 키르케고르는 절망이 우리를 실존할 수 있도록, 기회를 준다고 생각했습니다. 절망은 사람들에게 자기 자신을 돌아보고, 과연 내가 누구인가, 내가 어떻게 살아야 하는가를 생각하게 만듭니다. 이런 기회를 주기 때문에 절망이 무조건 나쁜 것이라고만은 할 수 없는 것입니다.

04 키르케고르가 말한 세 가지 삶의 단계의 처음은 육체적 쾌락을 즐기는 미적 단계입니다. 이 단계에는 '쾌락의 패러독스'라는 것이 있는데, 패러독스란 역설이라는 뜻이며 자기가 원하는 쾌락을 얻음으로써 만족을 이루는 바로 그 순간에 사람들은 다시 불만족을 느끼게 된다는 뜻입니다. 그러므로 미적 단계에서 사람들은 아직 완전한 쾌락을 추구하지 못하는 것입니다.

뭉크 정민 선생님의 말씀대로 어떤 사람은 더 높은 권력을 얻으려 하고, 어떤 사람은 더 많은 돈을 벌려고 하며 치열하게 경쟁하며 살아가지만 그럴수록 사람들은 쾌락의 역설, 즉 불만족을 얻게 될 수밖에 없다는 것입니다. 왜냐하면 사람의 욕심은 끝이 없기 때문입니다.

05 키르케고르가 말한 세 가지 삶의 단계 중 처음 단계인 미적 단계에서 사람들은 점점 더 큰 쾌락을 요구하기 때문에 불만족만 더 커지게 된다고 하였습니다. 그래서 그 단계를 거쳐 윤리적 원칙에 따라서만 인생을 살아가려고 하는 윤리적 단계로 넘어가게 됩니다.

이 단계의 사람들은 철저하게 윤리와 도덕을 지키고 또 남에게도 그러한 삶을 요구합니다. 하지만 윤리적으로 살아가려면 윤리적 감수성이 뛰어나야 하는데, 윤리적 감수성이란 자신의 살아가는 모습이 윤리적으로 문제가 없는지 민감하게 생각하는 태도를 말합니다. 교통신호를 잘 지키지 않거나 또는 거짓말을 하고도 가책을 받지 않는 사람이 윤리적이기를 기대할 수는 없

습니다. 그러니까 윤리적으로 살려면 먼저 윤리적 감수성이 뛰어나야만 합니다. 그러나 사람들이 과연 어느 정도로 윤리적일 수 있을까요? 윤리적 감수성이 민감하면 할수록 인간은 자기 자신이 진정으로 윤리적으로 살지 못한다는 것을 더 잘 알게 됩니다. 그래서 윤리적으로 충실하려고 노력하면 할수록 만족을 얻기는커녕 더욱 괴롭게 되는 것입니다. 그래서 키르케고르의 삶의 세 가지 단계 중 마지막 단계인 종교적 단계가 생겨난 것입니다.

06 윤리적 단계의 한계 때문에 나타난 것이 바로 종교적 단계입니다. 키르케고르에 따르면 이 단계에서 우리는 하느님 앞에서 외톨이로 서서 결단을 하게 됩니다. 우리가 윤리적인 판단을 내리는 데 있어서 한계에 도달했을 때 하느님께 홀로 서서 결단을 내려야 한다는 뜻입니다.

우리들이 남의 말이나 분위기에 휩쓸리지 않고 자신의 주관대로 행동하려면 먼저 진정한 자기를 발견해야 합니다. 키르케고르는 자기를 찾기 위해서는 하느님 앞에 외톨이로 서야 한다고 이야기합니다. 홀로 외톨이로 있을 때 우리는 조용히 자신의 참된 모습을 반성하게 되고, 거기서 진정한 자아를 찾을 수 있게 되기 때문입니다.